आह !

(सीता की आत्मकथा)

डॉ. मनसा पाण्डेय

Aah......! (Sita Ki Atmkatha)
By- Dr. Manasa Pandey

रचनाकार	:	डॉ. मनसा पाण्डेय ©
कृति का नाम	:	आह ! (सीता की आत्मकथा)
संस्करण	:	प्रथम
वर्ष	:	2016
मूल्य	:	₹ 150/-
पृष्ठ संख्या	:	128
मुद्रक	:	क्लार्क प्रिंटिंग प्रेस 132/1, मारूति पुरम, अपोजिट लेखराज खजाना, फैजाबाद रोड, लखनऊ–16
ISBN	:	**978-93-81378-19-9**

Connoisseur

Striving towards excellence
2/256, Viram Khand, Gomti Nagar,
Lucknow-226010. Ph. 0522-4029598
Email- connoisseurbooks2010@rediffmail.com
Website- www.manasapublications.org

समर्पण

–डॉ. मनसा पाण्डेय

मन की बात

मैं बचपन से ही राम कथा से परिचित हूँ, मेरे पिता बेहद धर्मनिष्ठ एवं उदार थे। माँ धार्मिक ग्रन्थों को पढ़ा करती हैं। रामचरित मानस को हमने संविधान के रूप में पाया। क्या पाप है? क्या पुण्य है ? मेरे जीवन का मानक है राम चरित मानस। जैसे-जैसे मैं बड़ी होने लगी बहुत सारी किवंदतियों से रूबरू होती गयी, कुछ को मन ने स्वीकारा नहीं। अयोध्या में जाना तब हुआ जब मेरे पति फैजाबाद में पोस्टेड रहे। वहाँ के ग्रामीण आँचल में तो बहुत स्थिति खराब है, वहाँ राम को लोकगीतों में बहुत बुरा गाया जाता है।

मन कौंधा, ऐसा क्यों है ? हे खग मृग, हे मधुकर श्रेनी, तुम देखी सीता मृगनयनी। एक साल तक राम जंगलों में घूमते रहे। युद्ध......, फिर सीता की अग्निपरीक्षा एवं निर्वासन !

सीता अपने अदम्य साहस से आठ महीने अशोक वाटिका में रहीं, बिल्कुल सुरक्षित। अपने आत्मबल से वहाँ सुरक्षित रहीं। कितनी धमकी, कितनी अवहेलना/उपेक्षा के बाद भी अपने को भटकने नहीं दिया।

माँ मेरी आगे की कथा सुनाते वक्त रोने लगती हैं। सीता का निष्कासन एक पीड़ादायक प्रसंग है।

कई वर्षों से इसी तथ्य पर मैं काम कर रही थी। भवभूति की उत्तररामचरितम्, वाल्मीकि द्वारा लिखित रामायण, मृदुला सिन्हा की 'सीता पुनि बोली', जैसे नये-पुराने लेखनों को पढ़ा पर कहीं इस घटना का खण्डन नहीं हुआ है। भले ही हम जैसे सामान्य लोग इस घटना का अस्तितव ही नहीं मानते पर कहीं न कहीं मन भटकता है। आज की स्त्री को यह घटना

कमजोर करती है। सीता का निष्कासन ना होता तो आज स्त्री अधिक मजबूत होती। बेबस, बेचारी स्त्री ऐसी घटनाओं से थपकी लेती हैं और यही कारण है कि हमारे समाज की स्त्रियाँ मर्यादा और संस्कारों के नाम अपने आस-पास के समाज की अनीति, कुरीतियों का पुरजोर विरोध नहीं कर पातीं। उनके ऊपर लाख अन्याय हो, हालात बद से बद्तर हो पर वो उसी छत के नीचे रहकर समाज के सामने खुश रहने का मुलम्मा चढ़ाती है ।

जबकि सीता ने कभी अनैतिक, अमर्यादा को करीब आने ही न दिया । वो सदैव लड़ती रहीं हालातों से

बाल्मीकि आश्रम में भी वहाँ दो बेटों को पाला और उन्हें धनुर्धर बनाया । कभी उफ् तक नहीं किया । अयोध्या लाईं गईं तो धरती में समा गयीं ।

ना जाने क्यूँ मुझे लगता है कि यह प्रसंग पूरे त्रेतायुग को कलंकित करता है ।

सीता राम की अनेक मर्यादा की कथायें पढ़ी जाती हैं जो पठनीय हैं, युग की नीव हैं। सीता एक अद्भुत व्यक्तित्व की धनी थीं। भूमिजा, अवधनरेश की पुत्रवधू, वनवासिनी सीता, लंका में दृढ़ सीता...। एक विराट व्यक्तित्व लिए कितनी अग्नि परीक्षायें देती हैं। लव-कुश जैसे पुत्रों का पालन-पोषण.. एक धनुर्धर बनाने का दृढ़ संकल्प सीता को साहसी बनाता है ।

सीता अग्नि परीक्षाओं से गुजर कर स्त्री की एक नई परिभाषा गढ़ती हैं, 'न भूतो न भविष्यति' न इससे पहले कोई सीता थी न कोई सीता हुई ।

जबकि मैं यह कहने की अधिकारी नहीं हूँ मन पर बार-बार इस पर अटक जाता है कि यह उस काल की रचना है उसके बाद बहुत सी कोशिश की गई हमारी संस्कृति को बिगाड़ने की स्त्री के महिमा मण्डित स्वरूप को खण्डित करने की ।

पर सीता स्त्रीत्व की वह मील की पत्थर हैं जहाँ किसी का पहुँच पाना असम्भव है ।

सीता की जीवन यात्रा संघर्षों की यात्रा है ।

स्वगत में कुछ शब्द :-

आज राम की आँखें हैं उदास

राम
एक बार मैं फिर
अयोध्या आना चाहती हूँ
तुम्हारे कांधे पर सिर
रखकर रोना चाहती हूँ
राम के राजीव लोचन से
दो बूँद सरक आये
पर शब्द!
गुलाबी होंठ पर पड़ी
पपड़ियों के कांटों
से बाहर नहीं निकल पाये
सीता का मन कसैला हो गया
सरयू का पानी फिर मैला हो गया
राम!
एकबार फिर मैं
अयोध्या आना चाहती हूँ
उस शील निधि
मर्यादा पुरूषोत्तम
राम के लिये नहीं,

एक सरल-सहज
राम के साथ
उसके कांधे पर
सिर रखकर रोना
चाहती हूँ
राम अतीत के हैं बहुत
पास
आज राम की आंखें हैं
उदास

मैं अपने परिवार की बेहद आभारी हूँ जहाँ मुझे लिखने का परिवेश मिलता है । मेरे पति श्री सच्चिदानंद पाण्डेय जो यांत्रिक सेवा में हैं पर मेरे बेहतरीन पाठक हैं और निष्पक्ष अपनी बात रखते हैं । मेरे पुत्र श्री सीतांशु पाण्डेय अपनी देश-विदेश की यात्राओं के तमाम संस्मरण सुनाते जिससे मुझे नये तरह के चरित्र एवं विषय मिलते हैं । यह पूरा परिवेश मेरी कथाओं में यत्र-तत्र सहज मिल जाता है । मेरी बेटी शालिनी पाण्डेय बी.टेक., एम.बी.ए. होने के बात भी अच्छी कविताएं लिखती हैं । उनकी कविताओं में सौन्दर्य उमंग और प्रकृति का संगम मिलता है । श्री गौरव त्रिपाठी का पर्यटन, नई संस्कृति, तहजीब और वहाँ की होने वाली तमाम भौगोलिक समस्याओं की कथायें मेरे लेखन को समृद्ध बनाती हैं ।

मैं ईश्वर की बेहद ऋणी हूँ की ऐसा परिवार मुझे मिला । ऐसी संतति मुझे मिली जो मुझे हर पल संबल देती है । ईश्वर ने अरविन्द कुमार मिश्रा जैसा भाई दिया । सहज ही कह उठती हूँ "प्रभू आपने इतना दिया जितनी मेरी औकात न थी ।" करबद्ध

शुभाशंसा

डॉ० मनसा जी से मेरा परिचय मेरी प्रथम पुस्तक "मानवता का महा आख्यान" के प्रकाशन के सम्बन्ध में हुआ था। प्रथम मिलन में ही आभास हुआ मानो हम पूर्व परिचित हैं, उनके पूर्ण श्रद्धा एवं आदरमिश्रित, सौम्य व्यवहार ने मुझे अभिभूत कर दिया। उनके इस वाक्य से "आपने मेरे राम पर लिखा है" ज्ञात हुआ 'राम उनके आराध्य हैं, तो सीता जी आराध्या' होना स्वाभाविक है। नारी के अधिकारों के प्रति सजग रहते हुये "आह !" उपन्यास में आदर्शनारी "सीता जी की आत्मकथा" के माध्यम से सब कुछ सहज ही सहन कर लेने का गुण रखने वाली नारी की अन्तः पीड़ा को भी समाज के सम्मुख उजागर करने का सार्थक प्रयास, सराहनीय है।

सीता समता की प्रतीक हैं। वह आधुनिकता की पुरातन पहचान है, जो पुरुष के साथ सुविधा और संघर्ष दोनों में समान रूप से समानान्तर साहस दिखाती हैं। नारी की अपराजेय शक्ति को समय-समय पर उजागर किया गया परन्तु नारी भीतर की व्यथा का आभास होना भी अति आवश्यक है, नहीं तो वह सीता की भाँति ही आह लिये पृथ्वी में समाती रहेगी और रामराज्य का स्वप्न, स्वप्न ही रह जायेगा।

उपन्यास से उद्धृत -

श्री वाल्मीकि हनुमान से कह रहे हैं "रामराज्य एक कल्पना ही रह जायेगी, रामराज्य कभी नहीं आयेगा, किसी मौन स्त्री के आँख से आँसू गिरे वहाँ रामराज्य कैसे आयेगा ? रामराज्य कभी नहीं आयेगा।"

‘स्वयं’ उपन्यास में भी ‘डॉ० मनसा’ जी नारी सशक्तिकरण का पुरजोर समर्थन है, नारी शोषण एवं उसका समाज में स्थान उपेक्षित होते हुये, उसे साहसी, ऊर्जावान बनाकर एक सफल व्यक्तित्व दर्शाया है ।

उपन्यास की भाषा प्रवाहमयी है । शैली पाठकों को जिज्ञासु बनाने में समर्थ है । आशा है उपन्यासकार इसी प्रकार नारी के अधिकारों एवं उसकी पहचान को अपनी लेखनी के माध्यम से अनवरत धारा प्रवाहित करती रहें।

कृति का हार्दिक स्वागत, इसके लिये बधाई पात्र हैं ।

अनन्त शुभकामनाओं सहित

–हेमलता शर्मा

विषय–सूची

आह !

राम का चेहरा स्याह हो गया था, अकेले कमरे में बैठे न जाने क्यों उनकी आँखें भर आयी थीं । रसोई से दिखती खिड़को से मैंने राम के उदास चेहरे को देखा, आँगन में सभी राम की प्रतीक्षा कर रहे थे । मैं रसोई में आँगन की ओर मुड़ी तभी माँ ने मुझे देखते ही पुकारा । माँ शाम के मद्धिम प्रकाश के बीच बैठी थी, साथ में माँ सुमित्रा भी थी ।

'राम क्या कर रहा है अकेले कमरे में ? राज दरबार से आया तो सीधे कमरे में ही गया । देख तो, क्या कर रहा ?' माँ उद्विग्न दिखीं ।

अक्सर राज दरबार से आते ही माँ के साथ राम आँगन में ही बैठते । हनुमान, लक्ष्मण और माँ साथ होते । कभी-कभी माँ सुमित्रा, शत्रुघ्न और हम चारों बहनें भी साथ होतीं ।

मैं कमरे की ओर गई पर मेरे कमरे में आते ही राम बाहर निकल गये पर आँगन में नहीं गये । भोजन का समय हो गया । वे अंगरक्षकों के साथ बाहर बैठकर बात करते रहे । भोजन पर कई बार लखन बुलाने गये तब कहीं उनका आना हुआ । रात में सबने खाना खाया पर राम की थाली वैसी की वैसी ही रही । सब बैठे, पर राम न जाने क्या सोचते रहे । माँ बार-बार कहती रही 'क्या बात है राम ?' राम किस दुनिया में थे । निर्विकार ! सिर नीचे किये हुए, विना कुछ बोले । बस सिर नीचे किये हुए थाली लेकर गऊशाला की ओर बढ़ गये । सबने भी खानापूर्ति ही की । सबके माथे पर रेखायें खिंच आईं पर राम बगैर कुछ बोले बाहर निकल गये। आज सब परेशान हो उठे । राम के साँवले चेहरे पर स्याहपन क्यों छलक रहा था । माथे पर कई आड़ी तिरछी रेखायें खिंच आयी थीं । मैं अन्दर

से काँप रही थी ।

मैं अन्दर आ गई । सहज ही प्रश्न उठ गया । 'क्या हो गया है आपको ? इतना उदास क्यों ? चेहरे पर इतना सूनापन क्यों है ? आँखों में भय कैसा है ? मैं घबरा रही थी ।' कुछ प्रश्न मेरे सामने खड़े थे जो राम के सम्मुख रखे ।

मेरे प्रश्न अभी पूरे भी नहीं हुए थे कि राजीव लोचन से कई बूँदें सरक आईं । फिर क्या ? मैं घबराकर रोने लगी 'राम क्या हुआ ? कुछ बोलिये ना' राम सूनी आँखों से मुझे देखते रहे, चारों ओर सन्नाटा ठहरने लगा । दरवाजा बन्द कर मैं बिस्तर पर आयी तो राम मुखातिब हुए ।

'सीते ! आज गुप्तचरों ने अवध वासियों के बीच एक अजीब बात सुनी ।' राम हकला रहे थे । उनके चेहरे का रंग और भी स्याह हो गया। तुम्हारे लंका रहने पर अंगुली उठी । एक साल लंका रहने पर राम सीता को पुनः साथ ले आये हैं जो रघुकुल की मर्यादा के अनुकूल नहीं है ।

गुप्तचरों ने बात का खण्डन किया । सीता अग्नि परीक्षा भी दे चुकी हैं। जहाँ वहीं सुग्रीव, हनुमान, वानर सेना, लक्ष्मण प्रत्यक्षदर्शी भी हैं । पर जनता इसे मानने को तैयार ही नहीं ।

राम के शब्द फ़ैलते गये और मैं थर-थर काँपने लगी ।

राम के चेहरे पर बढ़ती लकीरों ने मुझे चौंका दिया । थोड़ी देर चुप रहने के बाद राम उठ खड़े हुए और कमरे में टहलने लगे । राम के मौन ने मुझे रास्ता दिखा दिया । मैं बिना किसी भय के अपने को तैयार करने लगी। लंका से लौटने के बाद तो मेरा साहस और भी बढ़ गया । अब मुझमें डर नाम की कोई चीज नहीं रह गयी। इतने भयावह रूप रंग देखे कि अब मैं और भी दृढ़ हो गयी । अपनी अस्मिता को बचाने के लिए ईश्वर ने मुझे इतना दृढ़ बना दिया था कि किसी राक्षस को क्या ? रावण की हिम्मत नहीं थी कि मुझे कोई एकटक देख ले। रावण चीखते चिल्लाते आता और मैं हाथ में तृण लिए सिर हिला देती फिर वह पैर पटकते वापस चला जाता । पहले

जंगल, अंधेरा और अकेलेपन से मुझे डर लगता था अब कहीं कोई डर नहीं। राम का स्मरण ही सदैव सारे भय को पराजित कर देता है ।

मुझे समझ नहीं आ रहा था कि राम इतने दुखी क्यों है ?

सहज ही याद आया । अरे ! कल की ही तो बात है जब मैंने माँ से वन जाने की बात कही थी । जिस दिन से मुझे पता चला कि मैं माँ बनने वाली हूँ उसी दिन से प्रकृति के करीब रहने का मन बना लिया था। जनकपुर में हमारा परिवेश पूर्णतयः प्राकृतिक रहा । ऋषि महात्माओं के बीच अपनी बहनों के साथ गुजरा बचपन, ना जाने कितने संस्कारों को संजोये बड़ा हुआ ।

पहले से ही अवध एक सम्पन्न, शक्तिशाली और गौरवशाली राज्य रहा । इनके कुल की गाथा राजा हरिश्चन्द्र, राजा मनु, राजा अज जैसे प्रतापी राजाओं के नैतिक कथाओं से रचा बसा गया है । राजा दशरथ के चक्रवर्ती सम्राट होने की गरिमा लिए अवध राज्य विभूषित था ।

ऐसे में बड़ी बहू होने के नाते मेरी जिम्मेदारी और बढ़ जाती है । इतने गरिमामय कुल की पुत्रवधू ! मुझे समय ने यह मौका दिया है । इसी के अनुरूप कुछ करने का । जब मैंने कल वन जाने की बात की तो माँ के चेहरे पर खुशी दिखने लगी पर सहमति अभी नहीं आयी थी । समय ने पहले से ही अपनी चाल चल दी थी ।

अचानक मेरे अन्दर कुछ शब्द खनखनाने लगे । "राम ही केवल प्रेम पियारा ।"

चौदह वर्ष के वनवास से पूर्व का दृश्य सामने आ गया । राजा दशरथ और माँ कैकेयी के बीच कैसे वचन थे ? इनकी कभी जानकारी भी नहीं लेने की सोची । पिता ने क्यों वन दिया ? माँ कौशल्या, माँ सुमित्रा के निःशब्द चेहरे कभी विचलित नहीं कर पाये । बस ! पिता की आज्ञा ।

माँ अहिल्या का पाषाण स्वरूप जीवन्त हो गया । राम माँ के गले लग रोने लगे । ऐसा आरोप लगाने वाले ऋषि गौतम कभी साहस नहीं कर

पाये राम के सम्मुख आने का, अहिल्या को पुनः जीवन... ।

बालि को विष्णुलोक और सुग्रीव को आलिंगन, विभीषण को लंका राज्य...। मैं राजा राम से अधिक राम को वनवासी राम के रूप में समझ पायी थी । राम का प्रकृति के बीच सहज रहना । जंगल, झरना, पगडण्डी के रास्ते नंगे पाँव चलना... खिलखिलाकर हँसना । अपनी तीनों माताओं, भाईयों, सीता और प्रजा के बीच की मधुर स्मृतियाँ संजोये जब कभी साथ होते तो सिर्फ प्रेम दिखता । पर राम वचन के दृढ़ थे । समाज के कल्याण के लिए कोई भी कदम उठा सकते थे । राम की मनुजता उच्चतर मानवीय मूल्यों की थी, हमारी सोच वहाँ पहुँच भी नहीं पाती । जब हम वन को चले तो सोचते चले कि चौदह वर्ष हम करेंगे क्या ? लक्ष्मण और मैं यही बातें करते। यूँ ही भटकना पड़ेगा । पर राम की दूर दृष्टि देखिये तो पूरा वन राक्षसों से आतंकित था । सभी छोटे-बड़े राक्षसों को मारते हुए हम आगे बढ़ते रहे।

लंका का तो कुल ही इस युद्ध में मारा गया । राम ने एक भयमुक्त समाज की स्थापना की... पर आज... ना जाने क्यों इतने भय युक्त हैं राम?

आधी रात होने को आयी मुझे लगा कि मेरा यहाँ रहना ठीक नहीं। जिस तरह राम ने वन गमन से पूर्व क्या और क्यूँ नहीं पूछा, उसी तरह से मैं भी निकल जाना चाहती हूँ ।

'राम ! मुझे सुबह तक वन को निकल जाना होगा ।' मेरा मंतव्य अटल दिखा । राम ने लक्ष्मण को आधी रात में बुलवाया लक्ष्मण दौड़ते हुये आये ।

'भइया क्या हुआ ? आदेश करें ।'

'कल सूर्योदय से पूर्व ही सीता को वन ले जाना होगा । अब इनको वहीं रहना होगा ।'

लक्ष्मण विस्फुटित नेत्रों से देखते ही रह गये । थोड़ी देर बाद शब्द

बाहर आये ।

'क्यों ?'

'जो कहा गया उतना ही सुनो, कोई सवाल जवाब नहीं ।' राम बिल्कुल क्रोधित थे ।

लक्ष्मण पसीने से तरबतर हो गये, बिना कुछ बोले ही बाहर निकल गये ।

शाम में ही सुमंत घोड़ों के साथ रथ बाँधने लगे । सुबह के सूर्य की किरणों के आने से पूर्व ही मुझे अयोध्या छोड़ देना था ।

राम स्तब्ध थे । राम राज्य का अभी आरम्भ ही हुआ और राजा इतना बेबस हो गया । लोकतंत्र की इससे बड़ी चुनौती और क्या होगी । कई राजाओं के बाद राम राज्य का नाम लोकतंत्र दिया गया । राजतंत्र में पूरा राज्य राजा के अधीन था । अब वहाँ प्रजा के अनुरूप आचरण करना होगा । अभी इस साम्राज्य को एक माह ही हुआ था कि राजा की सबसे बड़ी परीक्षा शुरू हो गयी । राम ने रामराज्य के सामने अपने सारे हथियार डाल दिये और साष्टांग हो गये । रात भर हम मौन ताकते रहे । राम की आँखों में नींद कहाँ ? मैं थोड़ी आश्वस्त थी कि इस कुल की मर्यादा के अनुसार कुछ तो किया मैंने ।

मैं ब्रह्म मुहूर्त में ही अपने स्वर्णभूषण उतार कर साधारण वेष में आ गयी ।

'राम ! मुझे अब चलना होगा ।'

राम अपने आसन पर ध्यान की मुद्रा में बैठे रहे । स्तब्ध, निर्विकार! मोहशून्य ! तटस्थ !

लक्ष्मण ने सुमन्त के तैयारी की सूचना दी । मैं माताओं के शयन कक्ष की चौखटों को प्रणाम कर प्रस्थान कर चली । राम अपने आसन पर बैठे रहे । उनकी आँखों से झर-झर आँसू गिरते रहे ।

यह तो तय है कि हर सफलता अपनी कीमत तो लेती ही है ।

अवध का राजपद और राम का एक आदर्श राजा की कीमत यह थी जो बेहद अकल्पनीय था ।

बिना कुछ बोले ही लक्ष्मण के साथ उर्मिला भी बाहर आ गयीं पर लक्ष्मण ने उसे क्या समझाया कि वह रोते-बिलखते अपनी खिड़की से मुझे बाहर जाते देखती रहीं । उसके चुहरे पर कई सवाल थे । मैं नजरें नहीं मिला पा रही थी उससे । बस ! कृत्रिम हँसी लिए मैं निकल पड़ी । कई मील रास्ते तक उसकी आँखें मेरा पीछा करती रही ।

अवध की गलियों में मुझे लोग निहारते रहे। स्त्रियाँ रास्ता छोड़कर किनारे होती रहीं पर सुमंत से किसी ने नहीं पूछा तुम कहाँ लिये जा रहे हो।

राम को वन मिला मैं उनके पद चिन्हों पर साथ चली । पूरा अयोध्या काफी दूर तक पीछे-पीछे चलता चला आया पर आज मैं अकेली जा रही हूँ । न राम चले न अवध का जन मानस । मेरी आँखें भर आईं और मैं एक आह लेकर अवध छोड़ आई ।

मन ने विद्रोह किया जिसे मैं काबू रखने की कोशिश करती रही । परंतु मन बार-बार अयोध्या को श्राप देता रहा और मैं मन को कोसती रही।

घोड़े की टप-टप की ध्वनि के सिवा कोई हलचल नहीं थी । लक्ष्मण अनमने भाव से बैठे थे, सुमंत घोड़ों को हाँकने में लगे हुए थे । हम अयोध्या नगर छोड़ आये चारों ओर हरियाली खेत, पगडंडियों पर गीत गाती स्त्रियाँ, बूढ़े-बच्चे सब नम हवाओं के बीच जा रहे थे । अभी गर्मी शुरू हुई थी सब भारी कपड़ों से निजात पाये थे । माहौल में काफी रंग था ।

सूरज सिर चढ़ आया । अवध के कार्य दिखने लगे । हम बहनें मिलकर पूजन की तैयारी करतीं । माताएं आकर पूजा शुरू करतीं उस बीच हम रसोई में कुछ अल्पाहार बनाते । लक्ष्मण, भरत, शत्रुघ्न राज दरबार जाने को तैयार होते । राम अपने राज वेष में तैयार होकर टहलने लगते । पर अब न जाने आज कैसा होगा ?

क्या मातायें मुझे न देखकर व्यग्र नहीं होंगी ? पता नहीं राम ने माताओं को क्या बताया होगा ? मैं तो सुबह ही उनकी चौखटों पर माथा टेक कर चली आयी थी ।

माँ ! अद्‌भुत हैं निश्छल प्रेम, ममत्व की मूरत । माँ सुमित्रा तो गुरू हैं मेरी । मैंने उनसे जीवन सीखा है । बड़ों के साथ बिल्कुल भक्त की तरह रहना । कोई तर्क नहीं, कोई विचार नहीं, कोई आलोचना नहीं । माँ कैकेयी तो बेहद खूबसूरत, कर्मठ, सलीकेदार, स्वच्छता पसंद... उनके हर हाव भाव में दिखता है । मैं यहाँ रथ पर बैठे ही बैठे पूरी अयोध्या के अन्तःपुर को देख आई । उर्मिला की आँखों में तैरते प्रश्न क्या होंगे ? माण्डवी और श्रुतिकृति से वह क्या कहेंगी ?

मेरा मन घबराने लगा । कैसे यह सब सह पायेंगी ? मातायें क्या कहेंगी ? मेरे मन में यह भय बढ़ता गया कि अवध की सुगबुगाहटें कहीं मेरे घर में प्रवेश न करें । इतनी छोटी और गन्दी सोच पर सबकी क्या दशा होगी !

राम के चेहरे का स्याहपन बार-बार दिखाई देता रहा । तभी सामने एक नदी दिखाई दी । सहज ही पूछा कि 'यह कौन सी नदी है लक्ष्मण ?'

'सई नदी है ।' सुमंत ने बताया ।

दिन चढ़ आया था सबके होंठों पर काली पपड़ी दिखायी दे रही थी। घोड़ों को पानी की जरूरत थी । सो सुमंत ने रथ रोका और बोले आप लोग भी थोड़ा पानी पी लें और इसी हरियाली में थोड़ा विश्राम भी कर लें।

घोड़ों को पानी पिलाकर सुमंत वहीं पेड़ की छाँव में विश्राम करने लगे । मैं और लक्ष्मण ने नदी के जल से आचमन कर थोड़ा पानी पीया। लक्ष्मण हरी घास पर पेड़ की टेक लिये विश्राम करने लगे । मैं रथ पर आ गयी । कहीं झपकी का नाम नहीं । नींद तो रात से ही दूर हो चली थी। जिस पर कभी सोचा ही नहीं था कि ऐसा भी सवाल उठकर आयेगा । बल्कि मैं तो अपने साहस और धैर्य की चर्चा की अपेक्षा कर रही थी । पर

यहाँ तो, अविश्वास का प्रश्न ?

जब लंका के समुद्र तट पर विभीषण द्वारा मुझे ले आया गया तो मैं फूली नहीं समा रही थी । साफ सुथरे वस्त्र, कुछ स्वर्ण आभूषण पहने मैं पालकी में ले आई जा रही थी । पर अचानक ही एक आवाज आई और समुद्र तट पर मैं उतार दी गयी । यह आदेश श्री राम का मेरे लिए था । मैं नंगे पाँव उस कुटिया में आई जहाँ राम निःशब्द बैठे थे । तमाम वानरों के बीच मैं राम के समक्ष आई थी । राम के तेवर बेहद तीखे और असहनीय थे ।

मुझे अग्नि परीक्षा देने का आदेश मिला। मैं स्तब्ध थी । लक्ष्मण का चेहरा क्रोध से बिल्कुल लाल हो गया था। हनुमान सिर झुकाये रो रहे थे।

मैंने लक्ष्मण से कहा 'ले आओ लकड़ियाँ और जलाओ अग्नि' लक्ष्मण तमतमा से गये ।

'नहीं ! लक्ष्मण तुम ले आओ, सच को आँच कैसी ?'

मैं अग्नि परीक्षा में उत्तीर्ण हुयी । वानर नाचने लगे । हनुमान ने राम को प्रणाम किया और रोने लगे।

राम उठ खड़े हुये, मेरे करीब आकर मुझे साथ ले चले, अपनी कुटिया में ससम्मानित जगह दी ।

मैं अवाक् थी । राम के इस व्यवहार से आहत जरूर थी पर मेरी सत्यता ने मुझे खड़े होने की ताकत भी दी ।

'राम ! ऐसा क्यों ? जब भरोसा नहीं था तो मुझे बुलवाते ही नहीं। मैं मानती हूँ कि यह युद्ध मेरे लिए नहीं बल्कि अपनी कुल की मर्यादा और रावण जैसे राक्षस से इस पृथ्वी को मुक्त कराने के उद्देश्य से किया गया था । मैं अपने को भाग्यशाली मानती हूँ कि आपके इस प्रयोजन में मैं निमित्त बनी ।

राम उदास जरूर हुए पर क्षण भर में मुखरित हुए 'नहीं सीता ! अग्नि परीक्षा खुद के लिए नहीं बल्कि किसी के भी मन में किसी प्रकार का

भी संशय न हो ताकि कभी भविष्य में आप पर अंगुली न उठे । मेरा मन्तव्य यही था कि लोग आपके साहस और उत्कृष्ट मूल्यों से अवगत हों । जिससे आपका सम्मान और आदर बढ़े ।'

मैं आश्वस्त हो गई । थोड़ी तकलीफ में यदि समाज का सम्मान और गौरव मिले तो कुछ क्षण का कष्ट भी सहा जा सकता है । यह कष्ट मेरे लिए तो असहनीय था पर इस वक्तव्य ने मरहम लगा दिया ।

लक्ष्मण और हनुमान भी सुन कर आश्वस्त जरूर हुए । वानरों की आँखें गीली दिखीं । मैंने सिर थपथपा कर पूछा 'क्या हुआ ?' सबने सिर नीचे किये हुए कहा- 'माँ को परीक्षा देनी पड़ी और हम बेबस देखते रहे'

"बेटे ! यह मनुष्य का जीवन है इसमें कितनी परीक्षायें देनी होती हैं कितने दुख सहने पड़ते हैं । सुख तो केवल अन्तः में होता है जिससे हम जब कभी निहाल होते हैं तो वहीं अपना जीवन होता हैं बाकी तो सब यात्रायें हैं । मनुष्य जीवन एक यात्रा है ।"

वानर एकटक देखते रहे ।

उस रोज मैं सहसा कह उठी 'जानते हो लक्ष्मण तुम्हारे रेखा का मान मैंने नहीं रखा न तभी मुझे यह सब सहना पड़ा' मेरी आँखें गीली हो गयीं । मैंने तुम्हें कितना कुछ कहा, मैं इसके लिए क्षमा प्रार्थी हूँ ।

लंका के अशोक वन में कितनी रातें मुझे झपकी भी नहीं आयी । आँख झपकते ही मेरा तुमको डाँटना सुनाई देने लगता । मैंने अपनी सजा को ठीक समझा । मैं इस सजा की पात्र भी थी कि लक्ष्मण के पुत्रवत प्रेम को मैंने गलत नाम जो दिया सो सजा तो काटनी ही थी ।

हम सई नदी से आगे बढ़े । सूरज की किरणें अब तेज होने लगीं। सुमंत तो जैसे मौन व्रत रखा हो । लक्ष्मण आती-जाती सवारियों, मुस्कुराते चेहरे देखते हुए वैसा ही भाव देते चल रहे थे । कुछ बोलते भी थे । मैं निष्क्रिय भाव से लक्ष्मण की बात पर हामी भर रही थी ।

मन की उफान बहुत तेज थी । समय का बलवान होना दिख रहा

था । समय कितना बलवान होता है कि लक्ष्मण से यह कार्य करा लिया। लक्ष्मण यह कार्य कदापि नहीं करते । मुझे लगने लगा कि यहाँ मुझे इनको लेकर नहीं आना चाहिए पर राम ने तो इन्हें कल रात ही ले आने की आज्ञा दे दी थी।

अनजाने भाव से लक्ष्मण साथ चल रहे थे ।

'भाभी ! अभी तो जंगल घूम कर आयीं फिर जंगल क्यों चुना? घूमना था तो जनकपुर घूम आतीं ।' लक्ष्मण ने मुस्कुराकर पूछा । "अयोध्या आने के कुछ ही दिन बाद तो जनकपुर गयी थी । बार-बार मायके जाना उचित नहीं होता ।" मैं बचा ले गयी खुद को ।

घोड़ों की टप-टप सुनाई दे रही थी। शायद सुमंत को अन्दाजा रहा। सुमंत के चेहरे पर बार-बार भाव आता-जाता रहा पर लक्ष्मण की स्थिति दया का पात्र बना रही थी। लक्ष्मण के सामने जब सच आयेगा तो क्या होगा ?

मैं अन्दर ही अन्दर घबरा रही थी कि लक्ष्मण को पता चलेगा तो उनका क्रोध किस सीमा तक जायेगा । तब तक माँ की याद आ गयी । पता नहीं राम ने क्या बताया होगा.... बताया भी होगा कि नहीं ।...

सुबह बिस्तर छोड़ने के बाद माँ के पैर छूने जाती तो ढेर सारे आशीर्वाद पाती । एक अद्भुत खुशी मिलती थी । पर आज तो चौखट पर ही माथा टेक आयी थी । आँखें बार-बार खोज रहीं थीं माँ का अलौकिक स्वरूप । ममतामयी... बीता हर पल आँखों में चलने लगे ।

शाम होने को आई । हम घोड़ों की टापों में संगीत खोजते गंगा किनारे पहुँच गये । माँ गंगा थोड़े पाट लिए हुए विस्तार से बह रहीं थीं । उनका शीतल जल के स्पर्श मात्र से सारे पाप धुल जाते हैं । दूसरे किनारे पर हरा-भरा वन और कुछ आश्रम जैसा दिखा । मैंने वहाँ कुछ बच्चों को देखा और बोल पड़ी 'देखो लक्ष्मण! यह आश्रम बड़ा रमणीक लग रहा, मुझे वहीं ले चलो ।' सुमंत ने रथ रोक दिया । मैं और लक्ष्मण गंगा नदी के दूसरे तट पर जाने के लिए नाव की ओर बढ़े । थोड़ी ही देर में हम नाव में

बैठकर उस ओर जा पहुँचे । सूरज डूबने ही वाला था । मैंने लक्ष्मण से कहा 'लक्ष्मण! आप इसी नाव से लौट जायें, मैं आश्रम चली जाऊँगी ।'

लक्ष्मण ने कहा 'नहीं ! मैं आपको आश्रम में पहुँचाकर ही जाऊँगा।'

'नहीं लक्ष्मण ! थोड़ा मैं यहाँ बैठूँगी तब जाऊँगी । आप जाइए, मैं बिल्कुल ठीक हूँ ।' मैंने बहुत जिद की तो लक्ष्मण...'जैसी आज्ञा' कह कर वहाँ से लौट आये ।

मैं गंगा नदी के जल का आचमन करती रही और प्रतीक्षा कर रही थी कि लक्ष्मण के जाने के बाद मैं इसी गंगा में समा जाऊँगी ।

लक्ष्मण रथ पर सवार हो निकल गये, उनकी निगाह मुझे देखती रही । जब वह आँखों से ओझल हुए तो मैंने माँ गंगा को प्रणाम किया और नदी में कूद पड़ी ।

रात हो चली थी मैं आश्रम की कुटिया में एक तख्त पर लेटी हूँ। चारों ओर संन्यासिनें, बाल संन्यासी तथा एक श्वेत वस्त्र धारी सामने खड़े हैं । मैं लज्जावश उठ बैठी ।

'मैं कहा हूँ ? आप सब कौन हैं ?' मैंने आश्चर्य से कहा । मुझे कुछ भी याद नहीं था ।

तपस्वी आगे आये 'बेटी ! आप आराम करें । ये लोग आपके साथ रहेंगी । कोई जरूरत हो तो इन्हें बतायें ।'

रात को थोड़ा फल खाया, दूध लिया फिर रात भर मैं सोचती रही। यहाँ क्या बताऊँगी ? मैं कौन हूँ? कहाँ से आयी हूँ ?

तब तक चिड़ियों की चीं-चीं सुनाई देने लगी, मैं उठ गयी । तपस्वी नदी की ओर जा रहे थे । मातायें झाड़ू, बुहार लगाने लगीं । बालक गाय दुहने लगे । कुछ बालक फूल तोड़कर ले आये । तपस्वी की कुटिया को करीने से लगाया ।

भोर समाप्त होने से पूर्व ही तपस्वी नहा-धोकर अपनी आसनी पर दिखे । सामने धूप, द्वीप, फूल, तुलसीपत्ता दिखने लगा ।

तपस्वी ने ध्यान लगाया ।

एक माँ ने आकर मुझसे कहा 'देख लो आज काम को कल से जो तुम्हे अच्छा लगे तो करना ।'

'माँ ! मुझे झाड़ू बुहारना अच्छा लगता है और फूल तोड़कर गुरू जी को पूजा के लिए देना ।'

माँ मुस्कुराई 'इतना कठिन काम लिया । झाड़ू बुहारना तो कठिन है बेटी । पूरा आश्रम बुहारना पड़ता है, तुम्हारे हाथ देखकर तो नहीं लगता कि तुम कर पाओगी ।'

'नहीं माँ ! मैं कर लूँगी ।'

फिर हम चार स्त्रियाँ गंगा नहाने चले गये । जब लौट कर आयी तो दोनों बालकों ने चूल्हे के लिए लकड़ियाँ तोड़कर चूल्हे के पास रख दिया। एक थाली में फल रखे थे, एक थाली में सब्जियाँ ।

हम सब के लौटने के बाद दोनों बालक नहाने गये ।

सूरज के उगते ही पूरा आश्रम साफ-स्वच्छ हो गया । सब ध्यान पूजा में बैठ गये ।

पूजा के बाद भोजन की व्यवस्था में हम चारों स्त्रियाँ लगीं । सूरज सिर पर आ गया । ऋषि को भोजन परोसा गया । ऋषि ने मुझे बुलाया 'बेटी, यहाँ ऐसे ही रहना होगा । यहाँ वन का जीवन जीना होगा । हाँ ! भरपूर प्राकृतिक आनन्द के साथ रहोगी तो अच्छा रहेगा । खूब खुश रहोगी तो संताने भी प्रकृति महसूस करेगी और दिव्यता के साथ बढ़ेगी ।'

मैं स्तब्ध थी । तपस्वी त्रिकालदर्शी हैं । मैंने तो कुछ अभी कहा नहीं फिर कैसे जान गये ? न परिचय हुआ न अपनी कोई जानकारी दी । मुझे बेटी का सम्बोधन देकर ऋणी कर दिया ।

अब तो मैं इस आश्रम में ढल गयी । एक माह बीत गये मैं माताओं की छत्रछाया में सुरक्षित हो गयी। शाम को इन दोनों बच्चों को पढ़ाने लगी। घर के कामों से समय मिलता तो ऋषि के मुख से कुछ उपनिषद वेद के

विचार से अवगत होती ।

ऋषि को मैं जंगल से फूल ले आने लगी।

मातायें मुझे रसोई में नहीं लगातीं ।

पन्द्रह दिन में मैंने अपना काम तय कर लिया सुबह पूरे आश्रम की साफ-सफाई । तपस्वी के लिए फूल लाने लगी, दिन में भोजन के उपरान्त बच्चों को शिक्षा देना अब मेरा काम हो गया था ।

शाम से ऋषि के साथ सत्संग में पूरा आश्रम ही शामिल होने लगा।

वर्तमान में जीवन सुचारु रूप से चलने लगा ।

अवधपुरी तथा पीछे घटी घटनायें अब कम याद आतीं । श्री राम यदा कदा कभी आँखों के समक्ष दिखने लगते, आँख भर आती फिर उन्हीं आश्रमों में रह वह दुख की परत भी साफ हो गयी ।

एक माह पूरे हो गये । आज मैंने अपने अन्दर एक सुखद खुशी महसूस कर रही थी । न जान क्यों मन विहर रहा था । भोजन के बाद बाहर से सूखे कपड़े उठाने आयी थी तो देखा एक सफेद घोड़ों वाला रथ आश्रम की ओर आ रहा ।

आकर तपस्वी को बताया । मैं अन्दर आ गयी । रथ आश्रम में आकर रुका तपस्वी ने उत्साह से उनका स्वागत किया, उन्हें बिठाया फिर पुकारा 'बेटी ! आ देख कौन आया है ?'

मैं सहमते हुये बाहर आयी । मैं अवाक् ! पिता श्री और माँ ।

'यहाँ कैसे ?'

पिता के गले लगकर मैं रोने लगी, माँ मेरे सिर पर हाथ रखकर मुझे थपथपाती रहीं ।

मातायें भी आ गयीं । कुछ फल-फूल साथ ले आयीं ।

मैं माँ के साथ बैठी रही। पिता श्री तपस्वी के साथ सत् चर्चा कर रहे थे ।

कुछ देर बाद पिता श्री ने मुझे पुकारा मैं माँ साथ करीब आई ।

'चल बेटी, जनकपुर चल ।'

मैं फूट-फूट कर रोने लगी ।

'नहीं, मैं राम के आदेश का ही पालन करूँगी । मैं कहीं नहीं जाऊँगी । पिता जी आप लोग यहाँ मत आइयेगा, मैं विचलित हो जाऊँगी। मोह-माया बढ़ेगी तो मैं बिखर जाऊँगी ।' मैंने हाथ जोड़कर कहा ।

मेरे माता-पिता रोने गले । रोते-रोते विदा ली । तपस्वी उन्हें दूर तक छोड़ने गये । मैं आश्वस्त थी ।

शाम के धुंधलके में मुझे ऋषि ने बुलाया 'बेटी ! तू पिता के साथ क्यों नहीं गयी ?'

'नहीं ! मुझे नहीं रहना है । ऋषि ! आपको मेरे रहने से कोई तकलीफ तो नहीं है न ?'

'नहीं बेटी! तेरा बिना संसाधन के यहाँ रहना मुझे दुखी कर देता है।'

ऋषि नदी की ओर चल पड़े । उनकी संध्या का समय हो गया था।

मैं सोचती रही, मुझसे आज तक नहीं पूछा कि मैं कौन हूँ ? माता-पिता आये तो नहीं । कहीं इन्होंने उन्हें तो नहीं बुलाया था ?

मेरे मन में प्रश्न घुमड़ने लगा । रात को मैं ऋषि को भोजन देने गयी तो पूछा 'बाबा ! आपने बुलाया था इनको ?'

'हाँ बेटी ! तुम्हारी मनःस्थिति देखकर मैंने राजा जनक का ध्यान किया ।'

'तुम माँ बनने वाली हो तुम्हें इस स्थिति में यहाँ नहीं रहना चाहिए। बेटी के लिए पिता से बड़ा कोई संबल नहीं होता । इसीलिए पिता को बुलाना अनिवार्य लगा । पर पिता के साथ तुम नहीं गई यह तुम्हारा राम के प्रति दृढ़ प्रेम है, साहस है ।

राम की यह भूल युगों-युगों तक दोहराई जायेगी सदियों तक समाज इसे भुला नहीं पायेगा । मर्यादा भी क्षीण होगी।

'नहीं बाबा ! ऐसा न कहें'... मैं सुबकने लगी ।

मिथिला का आँगन

स्नेह का निर्मल स्त्रोत, मैं नहा गई । अद्‌भुत है माँ! अपनी माँ सुलोचना का निर्बाध निरन्तर प्रेम की ऊर्जा हमें अपनी चारों बहनों के बीच बांधती थी । उर्मिला माँ को उलाहने देती कि दीदी की गलती पर उसे क्यों नहीं डाँटती। हमें तो हर पल डाँटती रहती हो।

श्रुतिकृति और माण्डवी हम दोनों की नोंक-झोंक को सुनती और हँसती रहती। हम चार बहनों में मेरा और श्रुतिकृति की सोच एक जैसी थी। उर्मिला और माण्डवी के सोचने का तरीका एक जैसा था । दोनों की पसन्द, रंग, स्वाद, मौसम स्थान सब कुछ एक-दूसरे के पसन्द का था।

हरे रंग की चुनरी पर टँके गुलाबी फूल दोनों को बेहद पसन्द थे। जैसे लगता हम प्रकृति के करीब होते। सुनहरा रंग आँखों को बहुत भाता।

जनकपुर का महल बहुत बड़ा तो नहीं था पर खूब सुखदायक था। राजदरबार के इस छोर पर हमारा निवास स्थान जिसके एक हिस्से पर माता-पिता तो दूसरी ओर हम चार बहनों के चार कमरे, बीच में एक बड़ा बैठका। माता-पिता के कमरे से निकलकर आती वह गलियारा हमारे बैठका में खत्म होता । हम सब शाम को इसी बैठका में ही बैठते । पिता भी अक्सर यहीं होते । गौशाला से माँ आती-जाती रहती ।

हमारे कमरे के पीछे खुला प्रांगण फिर उनके बाद गौशाला बड़ी सुन्दर थी । लाल-पीली घंटियों की रुनझुन से गूंजती गौशाला हमारे अन्दर की गीत, नृत्य की चेतना प्रवाहित करती । हम चार बहनें खूब गाते-बजाते।

राजभवन के चारों ओर फैली चाहरदीवारी और उस पर लटकती

बेलें फूलों को लेकर सुनहरी सुबह सूरज के साथ मटकने लगती । ईशान से खुलता राजदरबार का दरवाजा दोनों ओर फूलों से सजा यह रास्ता बड़े बरामदे तक आता है । जहाँ राजा की प्रतीक्षा में बैठने वाले आगन्तुकों को आराम करने के लिए काफी सेट्टिया लगी हुई थी । सामने एक ऊँचे चबूतरे पर राज सिंहासन जहाँ राजा अपनी प्रजा की बात सुनते । उसके बाद खुला हरा मैदान तब इस ओर रसोई, गऊशाला फिर फुलवारी । फुलवारी से घूमकर जाता ईशान की ओर जहाँ शिव मन्दिर था। मैं रोज ही वहाँ फुलवारी से फूल लेते हुये शिव पार्वती की पूजा के लिये जाती।

उस रोज घाघरा चोली डाली और मोटी घाघरे से मिलते नारंगी हरे रंग की ओढ़नी ली। श्रुतिकृति ने हाथ में चार चूड़ियाँ डाल दी। तीनों बहनें मुझे अपलक देखती रही तभी पिताजी निकले उनके दरबार का समय हो गया था। मेरे सामने पड़ते ही वह दरवाजे पर ठिठक गये, महारानी! महारानी! आवाज लगायी...।

माँ भी तेजी से बाहर आयी। सब स्तब्ध थे। पर पिताजी के माथे पर पसीने की कई बूंदे झलक आयी। हम चारों बहने भी तो एक दो साल ही छोटी पर बड़ी पर मेरे बड़े होने पर इतनी हैरानी क्यों?

माँ सामने आ गयी। माँ बिल्कुल शान्त और मृदुभाषी रहीं । उनके बोलने में नपे तुले शब्द सही सटीक भाषाशैली, दिव्य स्वरूप सामन सामने आया । सामने माँ बैठी और पिता के चेहरे पर फैले तनाव थे । मैं भांप गयीं थीं। पर कुछ बोली नहीं। मंदिर साफ कर लो माँ ने आदेश दिया। शाम-सुबह दोनों वक्त मंदिर ठीक करना होता। मंदिर में दीपक जलाना आरती करनी होती। मैंने मन्दिर साफ करने के लिये आसनी, बर्तन और शिव धनुष किनारे पर लगा दिया। ऐसा अक्सर मैं करती और आज पिताजी ने इसे आँखें फाड़ कर देखा फिर उठ खड़े हुये। क्या ये सब तुम कर रही हो? आश्चर्य से उनका मुँह खुला रह गया । जानती हो तुमने क्या किया है? शिव का धनुष जो इतना भारी होता है जिसे बलशाली व्यक्ति भी नहीं

उठा सकता तुमने उठा कर एक किनारे रख दिया । मैं तो हैरान हूँ । पिताजी के चेहरे पर एक अजीब कोतुहल था जिसे मैं पढ़ नहीं पा रही थी। इसका परिणाम क्या है । मैं अक्सर जब कमरा ठीक करती । कुछ न कुछ बदलती रहती पर मैं कभी पूर्वमुखी कभी उत्तरमुखी स्थान देकर खुश हो लेती ।

पर आज तो तूफान मच गया । पिताजी ने मुझे देख लिया । पिता दो दिन तक परेशान रहे । उनका मौन रहना उनकी परेशानी बता देता, बार बार टहलना और माथे पर आती जाती लकीरें उनके तनाव का भाव दर्शाती।

हालात खुद रास्ता देते हैं ।

अचानक दुर्वासा ऋषि का आगमन हुआ पिता जी को आतिथ्य सत्कार में महारत हासिल थी । उनकी आरती लेकर उन्हें राज महल में ले आये । ऋषि ने हालचाल पूछा तो पिता की आँखें भर आयीं ।

सीता विवाह योग्य हो गयी है । इस भूमिजा का विवाह कैसे होगा?

पृथ्वी की तरह धीर गम्भीर और सम्वेदनाओं से रची-बची इस कन्या का वर इसके अनुरूप मिलेगा ? और मिलेगा तो कैसा और कहाँ ? ये तमाम प्रश्न पिता के स्वर में स्वतः ही आ गये जैसे लगा पिता के समक्ष बालक अपनी परेशानी खुद ब खुद कह जाता है ।

दुर्वासा ने ऋषि का आशीष सदा से मिलता रहा है । राजा जनक की मनःस्थिति को समझा और थपथपाया 'विधाता ने सबके लिए उपयुक्त जीवन साथी बनाता है इसके लिए भी कुछ बनाया ही होगा । तुम चिन्ता नहीं करो तुम्हारा सत्कर्म उसका जीवन संसार रचेंगे ।'

पिता थोड़े आश्वस्त जरूर हुए पर तत्क्षण उन्हें मेरी उठाई शिव धनुष की घटना याद आ गई और उन्होंने उसका विस्तृत बयान भी किया।

ऋषि के चेहरे पर मुस्कुराहट लौट आई । 'राजर्षि ! समय को पहचानों । शिव धनुष से रास्ता मिलेगा। ये घटना इस बात का संकेत कर

रही है कि जो इस धनुष पर प्रत्यंचा चढ़ायेगा वही सीता का वरण करेगा।' पिता मुस्कुरा उठे ऋषि के पैर छूकर आशीर्वाद लेने लगे। पूरे मिथिला में रौनक आ गई। पेड़ों के पत्ते झूमने लगे हरी क्यारियों में फूल खिलने लगे।

दरबार सज गया। गहमागहमी बढ़ती जा रही थी। राजदरबार में राजा का स्वर मुखर हुआ 'सीता का स्वयंवर अगले माह रखा जायेगा। शर्त यह है कि जो राजा/राजकुमार, शिव का धनुष तोड़ेगा वही वरण करेगा।'

सूरज ऊपर चढ़ आया था। अधिवेशन शुरू हो गया। राजा की प्रशासन व्यवस्था नयी नीतियों के लागू होने के साथ-साथ मेरे विवाह की चर्चा भी गर्म रही। पिता जी ने वहाँ अपनी बात रखी 'जो शिव धनुष पर प्रत्यंचा चढ़ा कर उसे तोड़ेगा वही सीता का वरण करेगा।'

पूरे जनमानस में खलबली मच गयी। क्या हो गया राजा जनक को? एक फुसफुसाहट सब जगह होने लगी। कन्या का विवाह एक सुन्दर सुयोग्य वर से होता है। जो कन्या को उसका सम्मान दे उसको दिल से स्वीकारे सम्पन्न भाव से रखे। लाली दौड़कर आयी और हाँफती, कराहती उसने पिताजी की प्रतिज्ञा बयान की। हम चारों बहनें इस पर आश्चर्य कर रही थीं पर पिताजी के ऊपर पूरा विश्वास था। प्रजा के भी विरोध का स्वर मुखरित होने लगा एक राजकन्या के विवाह में बल की क्या जरूरत ? राजकुमार को संवेदनशील विनम्र और स्त्री का सम्मान करने वाला होना चाहिये न कि बलशाली।

पिताजी जो करेंगे अच्छा करेंगे। उनके जैसे पिता मैंने रक्षक के रूप में पाया इसका आभार मैं ईश्वर को रोज देती हूँ। माँ की भी सरस वाणी व दुलार से रोम-रोम पुलकित हो जाता है। ऐसी माँ! हे ईश्वर ऐसे माता-पिता हमको हमेशा मिलें। मेरी आँखें भर आयीं। उर्मिला करीब आ गयी और आँसू पोंछते हुये बोली 'दीदी यह क्या यह तो उत्सव का समय है। यह धरती वीरपुत्रों से भरी पड़ी है। सुदर्शन पुरूष आयेगा। धनुष तोड़ेगा और तुम्हें ले जायेगा। धीरज रखो।' उसकी मुस्कुराहट बड़ी हो

गयी। मैं वहाँ से दौड़ कर अपने कमरे में आ गयी । लाली ने तो पूरा महल सिर पर उठा रखा था 'यह भी कोई शर्त हुई कोई सेनापति रखना है क्या? या कोई राज्य युद्ध करवाना है ? लड़की की शादी के लिये सुन्दर सुयोग्य वर होना चाहिये या कोई धनुर्धर ? हद कर दी राजाजनक जी ने .....। पूरे दिन भुनभुनाती रही सब आहत तो थे पर राजा बिल्कुल शांत !

राजदरबार उठ गया पिताजी घर आ गये शाम को माँ केसर दूध गिलास में डालकर सबको देती रही पिताजी बिल्कुल मौन दूध पीते रहे । माँ ने मौन को यूँ ही रहने दिया । शाम को माँ ने पूछा कि 'आज राजदरबार मैं बड़ा शोर था क्या बात है ?' पिताजी मौन रहे । माँ पूछती रहीं । क्या चल रहा है इनके मन में ? सदैव चुप ही रह रहे है क्या हमेशा चुप रहने से समस्या का निदान हो जाता है । परिवार को सुखी रखना है तो संवाद का होना बहुत जरूरी है । माँ थाड़ी देर चुपचाप उनको देखती रही फिर उठ खड़ी हुयी । पिताजी ने उनका हाथ पकड़ कर बैठा लिया 'सुनो ! मैं जो कुछ कर रहा हूँ सही कर रहा हूँ न ?

'क्या कर रहे आप ? सीता के स्वयंवर की शर्त रख दी है ।'

'क्या शर्त रखी है ? सीता से पूछा ?' माँ अवाक थी।

'जो शिव धनुष तोड़ेगा वही वरण करेगा । नहीं पूछा तो नहीं पर मुझे पूरा विश्वास है की उसे कोई आपत्ति नहीं होगी वह हमारे संस्कारों में पली बढ़ी है ।' उनका चेहरा गर्व से दीप्तमान हो गया ।

'पर मेरा एक प्रश्न है जो बार-बार मुझे परेशान कर रहा है । पूछूँ?

'हाँ-हाँ पूछिये ।'

'स्त्री-पुरुष के सम्बन्धों में बल की जरूरत होती है या प्रेम की ? शिव धनुष तोड़ने वाला सीता का सम्मान करे या ना करे । वैसे भी इस समय आतातायियों का प्रकोप ज्यादा है । कहीं हम गलत निर्णय न कर लें' माँ के चेहरे पर विषाद की कई रेखायें थी ।

पिताजी के चेहरे पर खीज फैल गयी 'शिव धनुष को माध्यम बनाया

है आपने रानी ! कोई बुरा, दुष्ट, अराजक उसके आस-पास फटक भी नहीं सकता ।'

माँ आश्वस्त हो गयीं पिता जी की बात शब्द दर शब्द सही होती आयी है फिर माँ का अटूट विश्वास!

मेरी पूजा और बढ़ गयी । शिव धनूष को मैं रोज साफ करती धूप दीप दिखा कर घटों निहारा करती/प्रार्थना करती प्रभु मुझे यह रिश्ता ऐसा देना जो कि समाज का हितैषी हो शीलवान, दयावान एवं मनुजता जिसका धर्म हो ।

माँ गौरी की अराधना तो मैं बचपन से ही करती आयी हूँ । नित मन्दिर जाती पूजन करती तभी अन्न खाती । पूरे आर्यावर्त में निमंत्रण भेजे जाने लगे हमारे पुरोहित शतानंद जी को यह कार्य सुपुर्द किया गया । जैसे जैसे स्वीकृति मिलने लगी शतानंद जी का उत्साह और बढ़ता गया । रोज पिता से एक सुखद समाचार की खबर देते पर आज उनके उत्साह में कुछ कमी दिख रही थी । कुछ घबराये से और काँपते हुए बोले 'राजर्षि ! एक अमंगल सूचना है'

'क्या ?' पिता तटस्थ भाव से बोले ।

'लंकापति के यहाँ भी निमंत्रण गया था और उन्होंने स्वीकार भी कर लिया है ।'

'इसमे अमंगल क्या है ? जब निमंत्रण गया और इनकी स्वीकृति मिली तो अमंगल कैसा ?'

'आप इनके विजयी होने के भय से अमंगल की बात कह रहे हैं ।'

'जी'

'शिव का धनुष है यह विश्वास रखें ।' शतानंद के चेहरे का भय खत्म नहीं हुआ ।

उनकी परेशानी माँ के समक्ष आयी माँ तो अन्दर से ही बेचैन थी। शतानंद जी की तरह माँ भी बेबस थीं ।

'शतानंद जी ! सब ईश्वर पर छोड़ दें जो करेगा बेहतर ही करेगा'। माँ की आँखों में आँसू आ गये वो झट पलट कर लौट आयीं ।

चारों ओर आम्रपत्रों से द्वार सजाये जाने लगे, फूलों का श्रृंगार महल में होने लगा । झालरें लटकने लगी बाँस की बल्लियों में गोबर लपेट कर उस पर दिये सजने लगे । मैं रोज सुबह जब गौरी पूजन को जाती तो सुबह ही सूरज की किरणों के साथ मजदूर भागते दौड़ते दिखते । कोई मिट्टी गूंथ रहा कोई बाँस लगा रहा ।

विवाह का उत्सव मनुष्य के जीवन का एक बड़ा उत्सव होता है । जीवन की दिशा ही बदल जाती है । घर परिवार रिश्तों का एक बड़ा घेरा अपना हो जाता है पर न जाने क्यूँ मैं डर रही थी । स्वयंवर की शर्त पूरी होगी की नहीं ? अगर होगी तो कैसे घर मुझे जाना होगा ? पिता का विश्वास तथा जनसमूह में सीता के संस्कार की छवि......। मैं खुद को थपथपाने लगी । गौरी का पूजन कभी व्यर्थ नहीं जायेगा । माँ गौरी मेरे मन की मुराद जरूर पूरी करेंगी ।

एक सप्ताह से चल रहे स्वयंवर का आज आखिरी दिन है । सूरज की किरणों के आते ही समूचा जनकपुर चमक उठा राजमहल व्यवस्थित हो गया ।

मैं गौरी पूजन से लौट रही थी कि पुष्पवाटिका में दो कुँवर सामान्य से परिधान में दिखे आगे चलने वाला कँवर साँवला, बलिष्ठ शरीर राजकुमार की तरह पर सामान्य बलकल वाले दिख रहे थे । दूसरा गोरा कुँवर सहज अपने बड़े भाई के पीछे चल रहे थे वाटिका में कुछ फूल खिले थे। गुलाब, गेंदे तो हरे भरे लहरा रहे थे अगहन माह में तो प्रकृति अपने पौधों को कली देती है । पौधे मिटटी से अपना भोजन लेकर अपने को पुष्प रूप देते हैं । माली पौधों की निराई गुड़ायी में लगा था । गुलाब के पौधें संवारे जा रहे थे । चमेली और गुड़हल इक्के-दुक्के फूलों से लदे थे हरियाली चारों ओर थी । मेरी निगाह सांवले कुंवर पर जा टिकी उनकी श्वेत आँखों पर काली

पुतली तैर रही थी जैसे । ऐसा लग रहा था मानो समुद्र का जल उफान पर हो और पूर्णिमा के चाँद की परछाई उसमें तैर रही हो अपना सब कुछ छूट गया । सर्वस्व उन आँखों में डूब गया । सारे दिन मैं उन आँखों के पीछे घूमती रही ।

सूरज सिर चढ़ आया दरबार सज गया ।

ऋषि विश्वामित्र का आग्रह आया ।

'राजन ! ये दशरथ पुत्र अवध नरेश के दोनों पुत्र जो शिव धनुष तोड़ना चाहते हैं ।' राजा उनके स्वागत के लिये आगे बढ़े और आदेश दिया की शिव धनुष ले आया जाये । इधर एक हफ्ते से रोज ही धनुष ले आया जाता और शाम ढलते ही मंदिर में स्थापित कर दिया जाता । आज भी यह धनुष आठ पहियों वाली संदूक में खींच कर लाया गया । लोहे की संदूक का दरवाजा खोल दिया गया ।

राजा जनक ने विश्वामित्र की ओर इशारा किया 'ऋषि ! धनुष अब तक बहुत से राजा/राजकुमार स्पर्श कर चुके हैं पर यह हिली तक नहीं ।' ऋषि ने आदेशित किया 'राम ! तुम देखो इस धनुष को ।' राम बड़ी विनम्रता से उठ कर उस बक्से की ओर गये और उस विशाल धनुष को देखकर प्रणाम किया । धनुष को बीच से उठा कर उस पर प्रत्यंचा चढ़ा दी राजा जनक के आँखों से आँसुओं की झड़ी लग गयी । पूरा जनसमुदाय प्रत्यक्षदर्शी था । यह कौतुक क्षण बड़ा प्रतीक्षित था आज वह समय आ गया था। ज्यों ही राम ने प्रत्यंचा खींची वह धनुष दो खण्डों में विभक्त होकर जमीन पर आ गिरी । एक भयंकर आवाज हुई जिससे कई मंत्री/राजकर्मी डरकर जमीन पर गिर पड़े ।

थोड़ी देर में सामान्य होते ही राजा ने ऋषि से अनुमती माँगी स्वयंवर तो पूरा हुआ मेरी शर्त भी पूरी हुयी । आज मैंने अपनी आँखों से देखा राम का पराक्रम महादेव जी के धनुष को चढ़ाना ....एक अद्‌भुत अचिन्त्य घटना है ।

राजा जनक गद-गद हो गये थे। राम को देखकर अब कोई अभिलाषा शेष नहीं रह गयी थी । ऋषि से सलाह लेकर अवधनरेश को यह खुशखबरी देने और वहाँ से बारात लेकर आने का निमंत्रण देना, यहाँ से मंत्री निकल पड़े । राजा जनक के आमंत्रण एवं उनके आग्रह से कौशल नरेश अति प्रसन्न हुये । कौशल नरेश ने अपने ऋषियों तथा राजगुरू से सलाह लिया । सब ने सर्वसम्मति से जाने की बात रखी ।

राजा अपने दोनों पुत्रों भरत, शत्रुघ्न सहित अपने पूरे दलबल के साथ जनकपुर पधारे । एक उत्सव सा था । ढोल नगाड़े बजाते राजा दशरथ मिथला पहुँचे पूरा राज्य ही स्वागत में पलक पावड़े बिछाये बैठा था । माता और पिता अपनी आरती की थाली लेकर धूप, दीप, मिष्ठान, माला आदि लेकर उनके स्वागत के लिये दौड़े । माँ की आँखों में तो राजा दशरथ के चारों पुत्र समा गये थे ।

राम, लखन तो पिता की टोली के साथ हो लिये । राज दरबार लग गया । माँ के चेहरे पर फैली मुस्कुराहट और उनकी आतुरता देखकर पिताजी समझ चुके थे । तभी दोनों गुरुओं का करीब आना हुआ और राजा दशरथ हाथ जोड़े पिता के सम्मुख आ गये ।

'जी ! आप आदेश करें ।' पिता विनम्र होकर बोले ।

'नहीं ! मिथिला नरेश, यह हमारी विनय है ।'

'जी ! कहें' गुरूवर सामने प्रसन्न मुद्रा में खड़े थे ।

'आपकी तीनों और पुत्रियाँ भी मेरे तीनों पुत्रों के साथ विवाह संस्कार के साथ जुड़ें तो हमारा सौभाग्य होगा ।'

पिता के चेहरे पर प्रसन्नता का भाव साफ दिखने लगा ।

'यह तो हमारे लिए परम सौभाग्य का विषय है । पर मिथिला में लड़कियों की सहमति लेनी आवश्यक होती है । मैं अपनी पुत्रियों से वार्ता कर लूँ फिर इस पर विचार करेंगे ।'

राजा दशरथ थोड़े उदास जरूर हुए पर आश्वस्त थे ।

शाम को सबकी राय सामने आ गयी इधर से भी सहमति का स्वर था और उधर से भी स्वागत था।

राजा कुशध्वज आह्लादित हो गये। यह मिथिला के लिए सौभाग्य का समय था।

यह खुशी बहुत तेजी से पूरे मिथिला में दौड़ पड़ी चारों ओर उल्लास दिखने लगा। हम सभी बहनें एक साथ रहने के आदी हो गये हैं। अब ये क्रम जीवन पर्यन्त बना रहेगा। सबसे बड़ी खुशी हम सब के लिए यही थी। मेरी चारों बहनें भी साथ थी। सब आह्लादित थी।

राजदरबार में पिताजी ने अवध नरेश से गुजारिश की क्या विधि का विधान है मेरे चार पुत्रियाँ है आपके भी चार पुत्र है। हमें तो ऐसा घर वर इस पृथ्वी में कोई दूसरा नहीं मिलेगा। यदि आप अपने कुँवरों से पूछ लें तो हम अपनी चारों पुत्रियों का विवाह एक साथ करना चाहते हैं। अवध नरेश ने अपने पुत्रों की तरफ देखा उनकी मुस्कुराहट ने मौन स्वीकृति दे दी। फिर क्या अब तो हमारी खुशी चार गुनी हो गयी थी। चारों विवाह एक एक दिन तय किये गये मार्गशीष माह की शुक्ल पक्ष की पंचमी तिथि को मेरा और राम का विवाह सम्पन्न हुआ शुक्लपक्ष की षष्ठी तिथि को उर्मिला का विवाह सम्पन्न हुआ। भरत और मांडवी का विवाह सप्तमी तिथि और अगले दिन अष्टमी तिथि में शत्रुघ्न और श्रुतिकीर्ति का विवाह सम्पन्न हो गया श्रुतिकार्ति के विवाह में हम लोग बहुत आनन्दित हुये। तीनों बहने सज-संवर कर उत्सव में शामिल हुये। इधर राम, लक्ष्मण, भरत, शत्रुघ्न उधर हम चारों बहनें विधि ने जोड़े के रूप में बनाया पूरा मिथिलांचल ऐसे उत्सव को निहार रहा था।

धरती नाच रही थी, आकाश गा रहा था। एक महान उत्सव की तरह यह विवाह राजकुमार और राजकुमारियों का नहीं था यह तो दो राज्यों का विवाह था जहाँ पूरे अयोध्या में प्रेमरस बरस रहा था। दोनों राज्य इस

उत्सव के प्रेम रस में भींग रहे थे राजा दशरथ और राजा जनक एक दूसरे के गले मिलकर अपनी खुशी व्यक्त कर रहे थे।

चाचा कुशध्वज का उल्लास उनके चेहरे पर साफ झलक रहा था। हम चारों बहनों को ढेर सारा आशीर्वाद देते रहे। ऋषि विश्वामित्र को एवं ऋषि वशिष्ट को दान में हजारों स्वर्ण मुद्रायें, सौ गायें और अकूत सम्पत्ति दान देकर चरण वंदन किये।

राजा दशरथ ने भी अपने पुत्रों के मंगलमय जीवन के लिये नन्दीश्राह रूहल गायें दान में दी।

चारों ओर उल्लास के वातावरण में विदाई का समय आ गया। राजा जनक और माता सुनयना, लाली और अन्य सखियाँ रूदन करने लगी तभी परशुराम का आगमन हुआ। राजा जनक आँसू पोंछते हुये उनके स्वागत में दौड़े। उन्हें आसन तक ले आते ही राम लखन उस पिनाक धनुष के पारा खड़े दिखे। यह क्या ? परशुराम की कोधाग्नि जल उठी।

पिताजी याचना करते हुये परशुराम को बारम्बार प्रणाम कर रहे थे। ऋषि यह मेरी मनोकामना थी की मेरी शुल्का के लिये शिवधनुष पर प्रत्यंचा चढ़ाने वाला ही उसका वरण करेगा अवध नरेश पुत्र राम ने धनुष पल भर में तोड़ दिया। पिताजी की आंखें नम हो गयीं। उन्हें लगा की यह ज़ीत उनकी नहीं बल्कि उनके विश्वास की जीत है। आस्था की जीत है। शिवधनुष की अपरम्पार कृपा थी कि राम जैसा धनुर्धर राजपुत्र ने प्रत्यंचा चढ़ायी।

मेरा तो रोम-रोम पुलकित हो उठा। राम की कितनी कथायें सुनी थी आज राम मेरे हो गये। अगले दिन विदाई की तैयारी होने लगी। हम चारों बहने एक साथ विदा हो ली। सूना आँगन सूना राजभवन, माँ का रोना पिताजी का मूढ़ हो जाना, पीलेपन की उदासी लिये प्रकृति भी उदास हो चली थी। हम अयोध्या की ओर बढ़ चले इस तीन दिनों की रथ यात्रा

में ताड़का वध अहिल्या की कथा शामिल रही। जब हम सब अयोध्या पहुँचे तब वहाँ पर 'सिया वर राम चन्द्र की जय' के नारे लग रहे थे। स्वागत में पूरा जनमानस हाथ जोड़े खड़ा था। चारों तरफ आम्रपल्लव लटक रहे थे। राजमहल के चारों ओर इमरतियां तली जा रही थी, माल पुवे बन रहे थे। लोग खा रहे थे। शरबत लाल, गुलाबी, कुल्हड़ों में लगे हुये थे।

हमारा अवध

महोत्सव सा माहौल, वह तो होना ही था। क्यों कि जहाँ राजा के चारों कुँवर दाम्पत्य बंधन में बंधकर अपनी रानियों के साथ वैवाहिक जीवन में प्रवेश करने जा रहे हैं और रानियों सहित राजमहल में पधारे हैं। मातायें एक दूसरे को बधाई दे रही थीं। हीरे जवाहरात से सजी रानियाँ बिल्कुल आसमान से उतरी अप्सरायें लग रही थीं। मेरा रथ सबसे आगे आया और राजदरबार के सामने आकर खड़ा हो गया। माँ कौशल्या, सुमित्रा एवं माता कैकेयी हमारे स्वागत के लिये द्वार पर ही खड़ी थी। राम आगे उतरे और मेरा हाथ पकड़ कर मुझे उतारा। सामने कुश के बने दउँरे में पैर रखने थे। पाँच कदम उसी में चलना था फिर माँ ने हाथ पकड़ लिया और हम दरवाजे पर खड़े हो गये। लड़कियाँ गीत गाने लगी दरवाजे पर हाथ पकड़े नेग मांग रही थी, राम ने अपने गले पर पड़ी कुन्दन की माला उन्हें भेंट स्वरूप दे दी। उनके चेहरे पर मुस्कान फैल गयी पर अब वो मेरी तरफ मुड़ गयीं और नेग मांगने लगी, मैंने कहा 'जो पहना उसे देख लो एवं जो पसंद आये ले लो।' सब सकुचा गये बहुत संकोचवश मेरी तर्जनी की ओर देखने लगी। मैंने अपनी दोनों तर्जनी की अंगूठी निकालकर उन्हें दे दी। राजा राम की जय ! रानी सीता जी की जय ! के उद्घोष शुरू हो गये सबके चेहरे पर खिलखिलाहट उतर आयी। पीछे लक्ष्मण, भरत, शत्रुघ्न की ओर मुखातिब हुई मैं और राम आगे बढ़ गये। माँ कौशल्या ने मुझे बिठाया और राम को बाहर भेजा। खूब सारी परिचारिकायें कभी इस कमरे में तो कभी उस कमरे आ जा रही थीं। कमरे सजाये जा रहे थे। हम चारों बहनें अपने-अपने कक्ष में एक दूसरे की राह निहारा कर रहीं थी पर मिलना

सम्भव नही हो पाया । रस्मों के मेले में हम लगे हुये थे । कितनी रस्में, कितनी परम्परायें, कितने पारम्परिक स्वरूपों ने हमें इतना व्यस्त बना दिया कि हमें जनकपुर तथा माता-पिता की याद ही नहीं आयी, रात हो चली ।

कमरे को आम्रपत्तों के तोखों से, गुलाब की पंखुरियों से सजाया गया । हमने गृहस्थ जीवन में प्रवेश किया । पूर्ण रिश्तों का जीवन परिवार की चाहरदीवारी रिश्तों की खिलखिलाहट । सुबह सूरज की किरणों के साथ परिचारिकाओं की खनखनाहटें भाभी-भाभी गानें लगी। मातायें अपनी सभी बहुओं के साथ खुश थी, राजा दशरथ ने सुबह हम चारों बहनों को बुलाया।

आप हमारे परिवार का सम्मान हो । रिश्तों को बांधना, चलाना और खुश रहना अब आपका उत्तरदायित्व भी है । स्त्री परिवार की वह धुरी है जो परिवार को एक सूत्र में बांधकर रिश्तों में मिठास भरती है । रिश्तों को जोड़ती है । हमें यकीन है कि मिथिला नरेश ने आप में यह संस्कार जरूर दिये होंगे जो आप सबको जोड़कर जीने की सीख देंगे।

कौशल्या, सुमित्रा, कैकेयी आज तक पूरे राज्य को एक धागे में जोड़कर रखा है। सभी बच्चे समान हैं । सभी सहकर्मी एक दृष्टि से देखे जाते है तभी तो अवध विशिष्ट है । अवध के भोज और संगीत में बड़ा रस है। उत्सव को मनाने का भरपूर आनन्द है स्त्री पुरूष बच्चे बूढ़े सब अपनी अपनी टोली में मस्त रहते हैं, गाते हैं ।

विवाह के बाद तो रोज ही उत्सव सा रहता था । चारों भाइयों के चार उत्सव, चार बहुओं के आगमन में प्रीतिभोज तथा रसोई उत्सव.....। करीब दस दिन तक यह उत्सव चला, उल्लास मस्ती में डूबा अवध यह अयोध्या नरेश का ही नहीं बल्कि पूरे अवध का उत्सव था । ऋषि वशिष्ट, विश्वामित्र, हर पल लग्न और मुहूर्त में लगे रहते । अभी आधा पूस ही बीता था कि राम को राजा बनाये जाने की चर्चे भी शुरू हो गये परंतु अचानक मंथरा की कुटिलता भरी चाल शुरू हो गयी पिताजी के चेहरे पर स्याह दिखने लगा था । महल में सन्नाटा पसरने लगा था । ऋषिगण गणना करने

लगे शायद उन्हें इसका अंदेशा पहले से मिल चुका था। रानी कौशल्या और माँ सुमित्रा, माँ कैकेयी ने इस परिवार और राज्य को ऐसे जोड़ा कि अवध की संस्कृति ने राजदरबार की संस्कृति से परिवार की संस्कृति का रूप ले लिया । समूचा राज्य राज्यदरबार में अपनी क्रिया प्रतिक्रिया दे सकता है तथा उसका विचार भी सर्वोपरि माना जाता। यदि राज्य दरबार के अधिकारी उस पर विचार करें और निर्णय लें। राम ने दूसरे ही दिन ऐसी चर्चा की अवध संस्कृति राजशाही से अधिक नौकरशाही में विश्वास रखती है। लोकमानस के सुख-दुख हमारे सुख-दुख हैं। यहाँ की प्रजा का अभाव हमारा अभाव है । यही हमें विरासत में मिला है और यही मेरे जीवन का मत है। इसी पर हमें आगे जीवन में चलना होगा ।

मैं अभिभूत हो गयी। राज दरबार में लोकमत का इतना आदर। दूसरे के दुःख से अपना दुःख। ऐसी है अवध की संस्कृति। मैं राम के चेहरे को बार-बार देखती रही। एक अजीब सी चमक थी जिम्मेदारियों को अच्छे से जीने की चमक। परिवार पूजा राजशाही के बीच राम की मुस्कुराहट लोकतंत्र को नया स्थापित कर रही थी।

राम से हमारी रोज बात-चीत अवध और प्रजा की लोक संस्कृति के परिप्रेक्ष्य में होती। राम का वचन मुझे बहुत भाता उनको घटों मैं सुन सकती हूँ । अंधेरा हो आया । राम उठ खड़े हुये मैं भी रसोई शाला में जाने लगी माँ कौशल्या ने पुकारा सीते ! उधर कहाँ चली ? कुछ छूना नहीं, अभी रसोई में नहीं जाना। कल बहू रसोई है कल तुम चारों रसोई बनाओगी और पूरा राज दरबार भोज करेगा। आज शाम तुम लोग रसोई में जाकर देख लो क्या-क्या बनना है। क्या है ? क्या नहीं है। आधी तैयारी तुम लोग मिलकर कर लोगी तो आसानी होगी। जी माँ ! चारों बहनें भी साथ आ गयीं। कल कैसा बनेगा क्या बनेगा। कुछ समझ नहीं आ रहा था।

रसोई महाराज, हम लोगों को देखकर गद-गद हो गये । बहू जी आप बैठ जाइये बस देखते जाइये और निर्देश दीजिये सारी तैयारी हो

जायेगी। बस आप निर्देश देते जाइये। हम चारों आश्वस्त होकर आँगन में आ गये। साथ में तीनों मातायें भी थी। हम सात स्त्रियां सप्तऋषियों की तरह एक दूसरे से बंधे गृहशाला में नया रंग देती। रसोई में स्वाद आता खूब हँसी-खुशी एक दूसरे के बाल बनाती आँगन में लगे आम के पेड़ों पर झूला लगवाती और शाम की पुरवाइ हवा में खूब झूला झूलती गीत भी गाती। माँ कैकेयी बहुत अच्छा गाना गाती थी गीत के बोल सुमधुर और शब्दों में ठहराव होता था।

आज शाम को ही सारी तैयारी हो गयी कल सुबह से खाना बनना था। दोपहर का भोजन निश्चित किया गया था। हम चारों बहनों ने सुबह भोर में ही बिस्तर छोड़ दिया। स्नान पूजा इत्यादि कार्यों से निर्वत्त होकर हम चारों रसोई शाला में जा पहुँची।

ग्यारह वर्ष बीत गये किशोरपन युवा होने लगा कुछ घर की जिम्मेदारियाँ कुछ अपनी जिम्मेदारियों ने सिर उठाना शुरू कर दिया । मातायें हमें काम में देख आश्वस्त होती रहीं । मैं बड़ी होने का भाव शुरू से रखती आयी सो यहाँ भी यह भाव जायज था । इसीलिए मैं सबसे आगे थी । खाना परात में सजने लगा राज दरबार में भोज की तैयारी शुरू हो गई । सभी राज परिषद, व्यवस्थापक, मंत्रिमंडल एवं कर्मचारी गण भोज में शामिल थे ।

ऐसा सुस्वाद भोजन ! महाराज दशरथ आज गद्‌गद् थे । 'हमारी पुत्रवधुओं ने बनाया है' यह गर्व उनके चेहरे पर विराजमान था । खूब चर्चा थी सब खुशी से झूम उठे थे ।

समय अपनी गति से दौड़ रहा था । ऐसे तो सुखपूर्ण जीवन में तेरह वर्ष कब निकल गये पता ही नहीं चला।

नित्य का जीवन सुचारु रूप से चलने लगा । साल में एक बार हम चारों बहनें एक साथ जनकपुर जातीं । पिता जी शतानंद जी को भेजते और

वे हमें लिवा जाते। एक महीनें बाद इधर से चारो भाई जाते और कुछ साथ रहकर हमें ले आते। फाल्गुन शुरू होते ही हमारा जाना होता। पूरी मिथिला हमारे साथ होली में शामिल होती।

माँ पलक बिछाये रहती। व्यंजनों की तमाम तैयारी करतीं। रसोईदारों को सचेत कर रखतीं कि बेटियाँ घर आ रही हैं इनकी पसन्द का ही भोजन बनायें। पिता जी ग्यारह महीनों में राज्य का सारा कार्य पूरा कर लेना चाहते ताकि एक महीना हम सब के साथ सुखपूर्वक गुजार सकें।

जब हम साथ हो जाते तो सारा जनकपुर रंगीन हो जाता। सब के पाँव जमीन पर नहीं पड़ते। प्रेम के कई रूप, कई भाव अपने दूसरे स्वरूप में सामने होते। कहीं राम के लिए शीतल छांछ, लक्ष्मण के लिए मीठी दही, भरत के लिए मीठे पकवान तो वहीं शत्रुघ्न के लिए कई तरह के फल लिए जनकपुर की जनता ले आती और अपना सौभाग्य मानती। राजपुत्रों का स्वागत पूरी मिथिला करती। फाग के रंग से मिथिला नहाती खूब रंग खेला जाता। ढोल नगाड़े बजाकर फाग गाया जाता। माँ पिता जी के नयन पुलकित होते रहते।

मेरे पिता को कभी पुत्र न होने की चिन्ता नहीं थी किन्तु इन युवराजों के जाने के बाद उनका पुत्र मोह जाग उठता और इन्हीं जामाताओं में वे अपना पुत्र तलाशने लगते। "विधाता ने मुझे सब कुछ दिया मै उस परमात्मा का ऋणी हूँ जिसने ऐसे राजपुत्र मुझे जामाता के रूप में दिये।"

फिर हम उन यादों को लिए नई उम्मीद से जुड़े अयोध्या लौट आते। मिथिला को हम ढांढस देकर लौटते कि फिर आयेंगे। नई ऊर्जा उन आने वाले ग्यारह महीनों को ऊर्जा देती। फिर जीवन अपने कर्त्तव्य पथ पर बढ़ जाता।

अयोध्या आते ही यहाँ चैत्र के नवरात्रों के ढोल सुनाई देने लगते। जगह जगह नीम की पत्तियों के बंदनवार, लिपाई-पुताई चल रही होती।

फिर आने पर नवरात्र की पूजा, कलश स्थापना... सब होती और नव वर्ष के आगमन का उल्लास। जीवन फिर चलने लगता नये संकल्पों से, नये विचारों से, नई ऊर्जा से। आम्र मंजरियाँ हरी भरी पेड़ों पर दिखने लगीं जिनकी खुशबू से सारा वातावरण महक जाता।

पेड़ों की पत्तियों में कोई स्पंदन नहीं था। राज दरबार के सामने लगी क्यारियों में फूल कुछ उदास दिख रहे थे। मैंने माली से पूछ तो माली ने मौसम बदलने का कारण बताया पर मेरे अन्दर उदासी भर रही थी। जैसे लग रहा था यह यात्रा मिथिला की मेरी अंतिम यात्रा है। तीन दिन की यात्रा में मैं और राम कभी खिलखिलाये भी नहीं होंगे। ऋषि विश्वामित्र के साथ की यात्रा का वर्णन हमारे साथ था। माँ अहिल्या का आश्रम दूर से ही दर्शन कर हम रास्ते तय करते रहे।

हम तीसरे दिन सूरज के डूबने से थोड़े समय पूर्व अयोध्या आ गये। राज दरबार पूरा हो चुका था। राजा दशरथ अपने आराम कक्ष में चले गये थे। मातायें बरामदे में साथ ही बैठी थीं एक उल्लास का वातावरण था।

राम के राज्याभिषेक की बात उठ चली थी ऋषियों की मंत्रणा से यह विचार राज दरबार में आया था। पर राम तटस्थ भाव से इस बीच थे। अगले दिन हम चारों बहनें रसोई में अपना काम शुरू करने लगीं। नव देवियों के लिए प्रसाद बनने लगा। धार चढ़ानी थी माँ कौशल्या और सुमित्रा पूजा की तैयारी कर रही थीं। पूजा घर साफ कर दिया गया था मूर्तियों के कपड़े बदल दिये गये थे। फूलों से माँ को सजा दिया गया था। अब पूजन की विधि शुरू की गयी।

माँ कौशल्या, माँ सुमित्रा तो एक दो बार रसोई में देखने भी आ गई पर माँ कैकेई की कोई आहट नहीं आई। खाने का समय हो गया राजा दशरथ को आज्ञा विजय भेज दी गई पर कोई सूचना नहीं आयी राम गये पिताजी को सूचना देने पर उदास भारी मन से लौटकर आये और बोले कि

पिताजी अस्वस्थ हैं उन्हें खाना वहीं पर पहुंचा दिया जाये फिर राज दरबार में भोज शुरू हो गया। मंत्री, राजगुरू सभी सन्नाटे में थे पर मौन सभा के साथ सभी भोजन करने लगे दोपहर होने को आयी पर माता कैकेयी का पट अभी तक नहीं खुला था। दासी मंथरा अपना और महारानी का भोजन ले गयीं। उनके चेहरे पर अजीब से भाव थे हम चारों बहनें और माता कौशल्या, सुमित्रा भारी मन से खाने बैठे खाने में कोइ स्वाद नहीं था। सब चुपचाप अपने-अपने कक्ष में चले गये मैं जब कमरे में आयी तब राम वहाँ पहले से मौजूद थे। चेहरे का स्याह रंग साफ दिखाई दे रहा था आँखें बन्द किये एक करवट लेटे रहे आज दरबार में कुछ अनहोनी का अंदेशा दिखने लगा था कुलगुरू वशिष्ठ ने राम को बुलाकर पूछा सब ठीक तो है न। राम के अन्तः में यह प्रश्न स्वयं ही उठ रहा था । राम अन्तर्मन से स्वयं रूबरू हो रहे थे पर, थे बिल्कुल निरुत्तर !

वशिष्ट द्वारा किये गये प्रश्न के उत्तर में वे विचलित हो गये और मौन साधे रहे।

कुछ ही देर में राम को राजा दशरथ का बुलावा आया, राम उस ओर चल दिये पिता का हाल देखकर राम अचानक घबराये, दशरथ माता कैकेयी की शर्त बताकर रोने लगे। मैं भरत को राज्य तो दे दूँगा पर तुम्हें वन नहीं जाने दूँगा । उनकी आँखों से झर-झर आँसू बहने लगे राम अपलक उनको देखते रह गये फिर उनके पास जाकर उन्हें सांत्वना देने लगे। नहीं पिताजी! आप परेशान बिल्कुल मत होइये मैं वन जाने को तैयार हूँ मात्र चौदह वर्ष की ही तो बात है।

दशरथ अवाक रह गये। राम के चेहरे की सहजता देखकर उन्हें खुद भी शर्मिंदगी हो आयी। मात्र चौदह वर्ष! मैं चौदह पल की सजा नहीं दे सकता तुम्हें, आँखें भर आयीं। पिताश्री संभालिये अपने आप को, बिल्कुल कमजोर मत बनाइये अपने को।

मात्र चौदह वर्ष की सजा से राज्य व परिवार को बनाया जा सकता है। इसमें बुरा क्या हैं। मैं कल ही जाने की तैयारी करता हूँ दशरथ रो पड़े राम नहीं । राम नहीं.......! राम लौट आना, शाम होने को आयी माँ कौशल्या और माँ सुमित्रा इन बातों से अनभिज्ञ थी माता कैकेयी अपने कोप भवन जा चुकी थी। राजा दशरथ ने भरत, शत्रुघ्न को उनके ननिहाल से बुलाने के लिये दूत भेजे थे रुको राम! भरत को आ जाने दो पर राम ने कैकेयी की आज्ञा को शिरोधार्थ कर लिया था राम ने जाने के लिये वनवस्त्र निकाल लिये थे। इस बीच लक्ष्मण चीख पड़े, यह क्या हो रहा है, यह वस्त्र कहाँ से आया है।

कुछ वर्ष पूर्व उपनयन संस्कार में बने थे पर आज काम आ जायेंगे किसने सोचा था वह बक्से से खुद निकाल लाये।

लक्ष्मण रोने लगे "भइया मैं भी साथ चलूँगा।" माता कौशल्या और माता सुमित्रा दौड़ी आयी ये क्या! क्यों....। लक्ष्मण रोते रहे पर राम चुप रहे । लक्ष्मण ने रोते-रोते बताना शुरू किया पर माँ की कुछ समझ नहीं आया। कुलगुरु को बुलाया गया वह भी सहमें से आये।

क्या हुआ महारानी? चेहरे पर विषाद की रेखायें साफ दिख रहीं थी

यह क्या तय किया गया? कैसा आदेश! माँ कौशल्या ने लक्ष्मण की ओर इशारा करते हुये पूछा।

महारानी यह विचार का विषय तो है ही पर इसी को विधि का विधान समझिये।

परन्तु कुलगुरु भरत को राजगद्दी दे दिया जाये किन्तु राम को वनवास क्यों? इतना कहते ही उनकी आँखें भर आयीं।

इस पर कुलगुरु भी मौन रह गये। महारानी ईश्वर पर सब छोड़ दें वह जो करेगा अच्छा ही करेगा।

वर्तमान में जो समय की माँग है उसे स्वीकार करें यही विधि की

विडम्बना है। इतना सुनते ही माता कौशल्या तो अचेत हो गयीं और माता सुमित्रा रोती रह गयीं । माता को अन्दर ले आया गया। उनके कक्ष में उन्हें लिटा दिया गया । वैद्यजी अन्दर आकर उन्हें औषधि दे गये । रात्रि होने को आयी पर माता सुमित्रा लक्ष्मण के विषय में अभी भी मौन साधे हुये थी सोच रही थी कि राम के साथ तो जाना चाहिये पर बहू उर्मिला कैसे रह पायेगी?

राम बल्कल लिये कमरे में आये तो मेरा रुख देखकर समझ गये। मैं भी केसरिया साड़ी खोजने लगी । क्या है सीते तुम क्या खोज रही हो? मैं भी साथ चलूँगी मैंने धीरे से कहा। क्यों? तुम्हें तो वन जाने को कहा नहीं गया। फिर... मैं बिल्कुल अवाक हो गयी, राम मेरे चेहरे का भाव पढ़ते रहे (पर मैं अकेले कैसे रहूँगी)।

अकेली कहाँ? घर में इतने लोग तो हैं राम मेरे चेहरे का भाव पढ़ते रहे। मैं रोने लगी।

नहीं ! मैं आपके बगैर नहीं रह पाऊँगी। दशरथ और माँ कौशल्या ने बहुत आग्रह किया नहीं बेटी नहीं...... तुम राजमहलों में पली-बढ़ी जंगलों में कैसे रह पाओगी, मैं सुबकने लगी राम वन में और मैं अकेले राजमहल में यह मेरे लिये सम्भव नहीं है।

तुम्हारा जाना ठीक नहीं सीते! वन मैं तुम नहीं रह पाओगी। पर मैं रोती रही। पूरी रात दोनों मातायें हमारे साथ रहीं सभी की नींद गायब रही। राम जरूर एक किनारे लेटे रहे। कुलगुरु की बात माँ को संतोषजनक लगी। माँ स्वयं को भी तसल्ली देती रही, जो है विधि का विधान है। कैकेयी को तो भरत से भी अधिक प्रिय हैं राम! फिर क्यों ...... ऐसे कई प्रश्न सबके मन में उभरते रहे ।

भरत को भले ही वह राजगद्दी दे देती पर राम को तो वनवास नहीं दे सकती। यदि ऐसा है तो यह विधि का विधान ही है और शायद इसी

में हमारा हित भी छिपा है।

तो क्या राम के वन जाने में ही हमारा कल्याण होगा। सुमित्रा आँसू पोंछते हुये बोली। माँ कौशल्या रोते-रोते बोली... क्या पता...!

आधी रात बीत गयी अब हम तीनों उठ गये गेरूआ बल्कल पहन कर, (जैसा की सूर्यास्त से पूर्व निकलने का आदेश था) पिता के शयन कक्ष की ओर निकल पड़े पूरे महल से रूदन की आवाज आ रही थी पिताजी के शयन कक्ष का द्वार खोलते ही पिताजी उठकर बैठ गये राम...राम... नहीं बेटा नहीं... जा।(अरे लक्ष्मण तू भी जा रहा है? पर तुझे तो जाना नहीं था।)

लक्ष्मण तो क्रोध से भरे थे। चेहरा लाल हो गया घूर कर पिताजी को देखा और बाहर निकल गये। मैं जैसे ही पिताजी के पैर छूने को आगे बढ़ी वो चिल्लाने लगे ।

'अरे ! तुम कहाँ चली मैं तो मर जाऊँगा। किसी राज कन्या को मैं वन कैसे भेज सकता हूँ? तुम्हारे पिता को मैंने वचन दिया था कि तुम्हें कोई तकलीफ नहीं होने दूँगा...... तुम चली गयी तो मैं तुम्हारे पिता को क्या जवाब दूँगा...... नहीं तुम नहीं जाओ बेटी ! राम...! राम...!'

हमारी वन यात्रा

सूर्य की किरणों के आने के पूर्व ही हम और लक्ष्मण वन को प्रस्थान करते हैं । राजमहल में रोना चिल्लाना पड़ा हुआ है । वस माँ कैकेयी और मंथरा अपने कमरे में सिमटे हैं जैसे वे आँखें चुरा रही हैं । मंथरा तो बेहद खुश है पर माँ कैकेयी के आँख से आँसू झर रहे हैं । बेहद ठगी सी... अपनी गलती का एहसास उनके चेहरे पर है पर जबान से बात निकल गई तो क्या....

प्रयाग में ब्रह्मऋषियों के आश्रम, दर्शन करते हम आगे बढ़ते गये, चित्रकूट आ पहुँचे । मत्संद नाथ के राजा से रहने की अनुमति माँग कर चित्रकूट की पहाड़ी पर आये । बड़ा ही रमणीक स्थल था । वहाँ रंग विरंगी चिड़िया अपना घोंसला बनाये हुयी थी । सुबह-शाम चिड़ियों की चहचहाहट से पूरी पहाड़ी गूँजती थी । राजा ने स्वागत किया और किसी भी तरह की जरूरत पर सहायता देने का आश्वासन भी दिया ।

हम सबके लिए इतना ही बहुत था । वनवास में आये हैं, प्रकृति के बीच रहना है । उदास मन से तो हम आये थे मैं और राम अपने को एक साथ इतना करीब पाकर ही पूर्णता महसूस कर रहे थे पर लक्ष्मण का अकेले रहना पीड़ा पहुँचाता ।

हमारी कुटिया बनाता, अपने किसी पेड़ नीचे बैठकर पूरी रात जागता । उर्मिला की जब मैं चर्चा करती तो कहता 'मैं उसे याद करूँगा तो उसे तकलीफ होगी, मैं बताकर आया हूँ ।'

मैं चुप हो जाती ग्यारह वर्ष चित्रकूट में सकुशल बीते, सतसंग के संग, मंदाकिनी के किनारे...। मंदाकिनी का यह स्थान बड़ा ही रमणीक था।

चिड़ियों की चहचहाहट के बीच मंत्रोच्चार की ध्वनि मिलती तो लगता यह परमात्मा का स्वर है ।

राम की संवेदना हर पल सुख देती । हर जीव के प्रति उनका संवेदनशील होना मानवता की पराकाष्ठा है । राम को मैं तो विश्लेषित ही नहीं कर सकती पर 'राम ही केवल प्रेम पियारा ।' प्रेम ही जीवन की हर तकलीफ (जंग) अलख की दवा है, प्रेम जीवन है प्रेमस्थ जीवन में कोई अमुख नहीं है, न दुःख है । यहाँ तो संवेदना की लहरें हैं, भाव का भोजन है भाषा का घर है । इंसानी जरूरत की सारी चीजें हैं तो क्यों न होगा ।

यह प्रेममय वनवास अपने लिए वनवास न होकर साथ जीने का युग था ।

कितनी स्मृति, विस्मृति कलाओं से साक्षात्कार पुनः हम एक दूसरे के साथ जी लेंगे । न राज महल याद रहा न राजसी वैभव । अब तो बस वनवासी राम, सीता और लक्ष्मण । लक्ष्मण हमारी सारी सुविधाओं का ख्याल रखते ।

सभी स्त्री पुरुष उदास होकर रोने लगे राम एक-एक के आँसू पोंछते उन्हें नमन कर रहे थे। गले मिल रहे थे। एक राजा का प्रजा के प्रति इतना स्नेह/आदर तो मैंने पहले कभी नहीं देखा था। मेरी आँखें भर आयी। मैं बार-बार राम का मुँह देखती की कभी कोई निरादर का भाव कैकेयी के प्रति आया हो माँ ने यदि ऐसा कदम उठाया तो जरूर इसमें कहीं कोई हित ही होगा लक्ष्मण के क्रोध को रोकते हुये भी उनके होंठो पर मुस्कान फैल गयी। वह इस आदेश से बहुत खुश थे। लम्बे-लम्बे डग भरते हुये आगे बढ़ रहे थे। समूचा जनमानस साथ-साथ चल रहा था। राम बार-बार प्रार्थना करते रहे प्रकृति का कण-कण में जीव, पक्षी सभी राम को वन आने से रोकने में लगे थे तभी तिरही धारा का तीव्र प्रवाह दिखने लगा। तमसा भी उन्हें रोकने का प्रयास कर रही है। इस पवित्र प्रवाह में रोकने का हठ समाया है।

सुमंत ने थके घोड़ों को शीघ्र ही रथ से खोलकर उन्हें सहलाया,

फिर पानी पिलाया, नहलाया इसके बाद शीघ्र ही तमसा के किनारे चरने को छोड़ दिया। (मेरे कानों में राम! राम! पिता का स्वर गूँजता रहा ।)

लक्ष्मण आज हमारी वनवास की यह पहली रात्रि है। कितनी आलोकित रात्रि है वन्य पशु-पंछी अपने अपने स्थान पर अपनी बोली बोल रहे हैं। इसके स्वर में कितना अपनापन है। आज मेरे पिताजी को राजधानी अयोध्या नगरी वन में आये लोगों के लिये शोक करेगी। कहीं मेरे माता-पिता का रो-रो कर बुरा हाल न हो जाये। मेरे कानों में राम ! राम ! पिता का स्वर गूँजता रहा ।

फिर राम सहम गये। उदास चारों ओर देखकर बोले भरत बड़े ही धर्मात्मा है। अवश्य ही वे धर्म अर्थ काम मोक्ष तीनों के अनुकूल वचनों द्वारा पिताजी और माताओं को समझायेंगे। सबका ख्याल रखेंगे। आप सब अपने-अपने स्थान को जायें और अयोध्या राज्य का ख्याल रखें पर प्रजा रोती रही। राम उदास बैठे रहे। हम सब खड़े थे तमसा के तीर सूर्यअस्त हो चला था सुमन्त जी घोड़े बांधकर सो गये। राम संध्या पूजा करने लगे लक्ष्मण राम के सोने की जगह खोजने लगे।

तमसा के तट पर वृक्ष के पत्तों से बनी शय्या देखकर राम मुस्कराये। आज इस यात्रा का पहला पड़ाव है। सीते! देखो कितनी सुन्दर शय्या बनी है। लक्ष्मण के आने से हमें विशेष सुख मिल रहा है। नहीं तो तुम्हारी सुरक्षा के लिये एक सहायक खोजना पड़ता।

मानसिक दबाव एवं इतना दूर पैदल यात्रा की थकान के चलते सीता राम को जल्दी ही नींद आ गयी लक्ष्मण आश्वस्त हुये। सुमन्त और लक्ष्मण श्री राम के गुणों की चर्चा करते रहे रात बीतने को आयी। तमसा का पूरा तट गायों के समुदाय से भरा पड़ा था दूसरी ओर प्रजा सो रही थी प्रजा से कुछ दूरी पर राम और सीता विश्राम कर रहे थे। महा तेजस्वी श्रीराम सूर्योदय से पहले उठ गये प्रजा सो रही है लक्ष्मण और सुमन्त जाग रहे हैं। लक्ष्मण हमें इन्हें सोते ही छोड़कर चलना होगा क्योंकि ये लोग अपने परिवार से विदेह

हो गये हैं यदि जाग गये तो फिर हमारे साथ चल पड़ेंगे। तभी कुछ सुगबुगाहट हुई देखा तो पूरा जनसमूह जग उठा था राम ने हाथ जोड़ लिए। आप सब अपने अपने घर जायें हम शीघ्र ही जरूर लौटेंगे। आप प्रतीक्षा करें।

हम एक रथ पर सवार होकर शीघ्रतापूर्वक यहाँ से चल दें सुमन्त ने जल्दी से रथ तैयार किया और शीघ्र ही नदी पार कर उन्हें आगे की ओर जाती हुई सड़क पर ले गये।

सुमंत हमें यहीं पर छोड़ दो, यह सड़क हमें आगे वन की ओर ले जायेगी। इतना सुनते ही सुमन्त रोने लगे।

नहीं राम! नहीं मैं नहीं लौट पाऊँगा। अवध जाकर मैं क्या मुंह दिखाऊँगा वहाँ जाकर मैं यह कैसे कहूँगा कि मैं राम को वन में छोड़ आया मैं ऐसा नहीं कर सकता। सुमन्त बिलख-बिलख कर रोने लगे।

हम अवध की सीमा को पार कर गये। चारों ओर फूलों के रास्ते मध्य मार्ग से आगे बढ़ गये। धन-धान्य से सम्पन्न रमणीय उद्यानों से युक्त यह क्षेत्र अत्यन्त सुदर्शनीय था। इस राज्य में तीर्थगामिनी माँ गंगा तीव्र गति से प्रवाहित हो रही थी। उनके तट पर छोटे-छोटे आश्रम बने हुये थे यहाँ पर यदा-कदा अप्सरायें उतर कर भजन व नृत्य करती। सुमन्त ने हमें उतारा। श्रंवगपुर में हम आ गये। यहाँ गुह नाम का राजा राज्य करता था। जो श्रीराम को अत्यन्त प्रिय था श्रीराम के पहुँचते ही वह अपने बंधु-बाधवों से घिरा हुआ था।

श्रीराम को बल्कल वस्त्र में देखकर वह जोर-जोर से रोने लगा और दौड़कर गले से लगा लिया मैं क्या कर सकता हूँ। मुझे आज्ञा दें इतना बड़ा दिव्य अतिथि हमारे क्षेत्र में आया है। मेरे लिये इससे बड़ी और क्या बात हो सकती हैं।

तरह-तरह के उत्तम फल-फूलों से तथा व्यंजनों से बड़े-बड़े वर्तनों में भरे था । राजा गुह ने अत्यन्त विन्नमता से कहा मैं हरवाहा ! यह अपनी ही भूमि है। हम आपके सेवक हैं। आज से आप यहीं रहेंगे और इस राज्य

का शासन आपको करना है । यहाँ पर आपका स्वागत है।

गुह के इस तरह से कहने पर श्री राम इतना ही कह पाये, सखे! तुम्हारे इस तरह से दौड़े चले आने से बड़ा और क्या स्वागत हो सकता है तुमसे मित्रता कर बड़ी प्रसन्नता हुई। परंतु इस समय मैं किसी का अन्न जल गृहण नहीं कर सकता । तापस वेष हूँ तपस्वी की तरह रहना है। यह सब सामग्री मैं स्वीकार करता हूँ पर मैं इसे वापिस ले जाने को कहता हूँ।

रात हो आयी गुह प्रदेश में तृण की शय्या पर श्री राम ने रात्रि बिताई। राजा गुह लक्ष्मण और सुमन्त सब पेड़ के नीचे पूरी रात जागते रहे। लक्ष्मण ने अवध प्रदेश की कथा राजा गुह को बताई और राजा अब बहुत दिनों तक नही रहेंगे। श्रीराम के बिना तो वहाँ माता कौशल्या, सुमित्रा भी नहीं रहेंगी। लक्ष्मण की चिन्ता में राजा गुह अपने को पीड़ित महसूस करने लगे।

रात बीत गयी, अब हम नदी पार करने में उद्यत हो गये। सुमन्त को विदा करते हुगे श्रीराम ने कहा कि 'सुमन्त आप लौट जायें और हमारे माताओं एवं पिता का ख्याल रखें ।'

प्रभु आप हमें आज्ञा दीजिये कि हम भी आपके साथ चलकर वन में रहकर आपकी सेवा कर सकें। मैं अयोध्या नगरी नहीं जा सकता। मेरी अभिलाषा है कि मैं आपके साथ वन में रहूँ और जब चौदह वर्ष बीत जायें तो इसी रथ पर विदा कर अयोध्या वापिस, आपके साथ तो चौदह वर्ष चौदह पल की तरह बीत जायेंगे। हे भक्तवत्सल! मुझे साथ चलने की आज्ञा दें। मेरा परित्याग न करें।

सुमन्त! मैं जानता हूँ आपका स्नेह महसूस कर सकता हूँ पर आपका वहाँ जाना माता कैकेयी को विश्वास दिलायेगा कि मैं वन में ही रह रहा हूँ पिता के मिथ्यावादी होने का सन्देह नहीं होगा, कृपया आप यहाँ से प्रस्थान करें एवं माता पिता की सेवा करें माता कैकेयी से कहियेगा कि मैं बहुत खुश हूँ। भरत को बुलाकर राजगद्दी सौंप दीजियेगा भरत कुशलता से सबकी देखभाल कर पायेंगे ऐसा मेरा विश्वास है। भगीरथी का तट दिखाई

देने लगा आराम से बैठते हुये हम सब के सब चारों ओर लगे फूलों को देखते रहे। श्रीराम ने कहा सुमित्रानंदन। उधर देखो वह पताका लहरा रही है। मालूम होता है कि उस ओर ऋषि भारद्वाज का आश्रम है । निश्चय ही हम लोग संगम तक आ गये हैं। सुनों दो नावों के परस्पर टकराने से एक ध्वनि सुनाई दे रही हैं। चारों ओर बड़े-बड़े वृक्ष दिखाई दे रहे हैं।

सूर्यास्त होते-होते हम श्रीराम के साथ भारद्वाज आश्रम की ओर चल पड़े। दूर खड़े उनके एक शिष्य ने पर्णकुटी में अंदर जाकर सूचना दी। त्रिकालदर्शी भारद्वाज शीघ्र ही बाहर आये।

श्रीराम और लक्ष्मण ने अपना परिचय दिया हम दोनों राजा दशरथ के पुत्र है। मैं राम और ये मेरा अनुज लक्ष्मण मेरे साथ मेरी पत्नी जनकनंदिनी सीता भी है जो मेरा साथ देने के लिये मेरे साथ ही चली आयी हैं । भाई लक्ष्मण भी मेरा साथ देने के लिये चल पड़े। जबकि वन गमन का आदेश सिर्फ मुझे ही था। धर्मात्मा भारद्वाज ने अतिथि सत्कार के रूप में एक गौ और एक अर्घ्यजल समर्पित किया। साथ तरह-तरह के अनुरस और फल-फूल प्रदान किये तथा ठहरने की उत्तम व्यवस्था भी कराई। महर्षि के चारों ओर मृग पक्षी और ऋषि मुनि बैठे थे। उन्होंने श्रीराम को अतिथि रूप में आसन दिये और हम सब साथ ही बैठ गये थे।

अति विनम्र भाव से मुनि भारद्वाज श्री राम के समक्ष अपनी बात रखी। हे राम! मैं यहाँ दीर्घ काल से आपके आने की प्रतीक्षा कर रहा हूँ आज मेरा मनोरथ पूर्ण हुआ। यह बहुत ही रमणीक स्थान है तुम यहीं निवास करो।

प्रभु यहाँ मेरे नगर से यह स्थान निकट है मेरे राज्य के लोग यहाँ आते-जाते रहेंगे। जो ठीक नहीं है। प्रभु कोई निर्जन स्थान बताइये जहाँ जनकनंदिनी सुख पूर्वक रह सकें। मुनि ने थोड़ी देर विचार किया फिर बोले यहाँ से करीब दस कोस की दूरी पर एक पवित्र आश्रम है। मन्दार पर्वत के किनारे मन्दाकिनी और चारों ओर जंगलों के बड़े-बड़े झुरमुट से आती शीतल हवायें बहुत अच्छी व सुखदायी है।

चित्रकूट प्रवास

वन का यह भाग बड़ा ही मनोरम लग रहा था। यहाँ फूलों की वर्षा हो रही है और सारी भूमि फूलों से आच्छादित दिखाई दे रही थी। पूरे वन प्रांत में मोर, पपीहे का कलरव सुनाई दे रहा था। ऊँचे शिखर का पर्वत जहाँ हाथियों का झुण्ड उस ओर जा रहा है। लक्ष्मण ने राम से कहा तात! यहाँ समतल भूमि है और बहुत से वृक्षों से भरा हुआ है। चित्रकूट के इस कानन में हम आराम से रह सकते हैं।

पैदल यात्रा करते हुये हम यथासम्भव रमणीक स्थलों को पार करते हुये एवं थोड़ा रुक कर विश्राम भी करते जाते और प्रकृति के सुरम्य मनोरम दृश्यों को आनन्द लेते।

यह पर्वत नाना प्रकार के फल-फूलों से युक्त था यहां की मिट्टी की खुशबू भी बड़ी अच्छी है। तात! यहां बहुत से ऋषियों का आश्रम भी जान पड़ता है यही हमारे निवास योग्य है। हम यहीं पर रहेंगे सामने बाल्मीकि जी का आश्रम भी वहीं था हम तीनों उधर चल पड़े सबने ऋषि को प्रणाम किया। ऋषि धर्म मर्मज्ञ थे, आपका स्वागत है कहते हुये वह उठ खड़े हुये और भव्य आदर सत्कार किया एवं अपने करीब बैठाया। श्रीराम ने अपना परिचय दिया ऋषि अत्यन्त प्रसन्न हुये एवं वहीं रुकने का आग्रह भी किया। राम ने लक्ष्मण से कहा तुम जंगल जाकर अच्छी लकड़ियां जाकर लेते आओ यहीं पर कुटी तैयार की जाये।

लक्ष्मण तत्काल वहाँ से चल दिये शाम तक बढ़िया पर्णकुटी बनकर तैयार हो गयी यह कुटी बाहर भीतर से लकड़ी की दीवारों से तथा ऊपर पर्ण से छाकर उसे सुशोभित कर दिया था। अतएव कुटिया बाहर से अत्यन्त

सुंदर लग रही थी।

श्रीराम उस कुटी के अनुरूप ही उसमें वैदिक स्थलों गणेश आदि के स्थानों तथा विष्णु आदि देवों के स्थानों की व्यवस्था करने में लग गये। हमने एक साथ उसमें प्रवेश किया जैसे देवता लोग सुधर्मा में प्रवेश करते हैं। हम इस रमणीक स्थल में विराजमान हो गये।

सुबह का सूरज आते ही हम स्नान आदि कर पुष्प चयन की तैयारी कर चुके होते। लक्ष्मण कन्दमूल ले आते राम अपने ध्यान में मग्न होते सुन्दर पर्वत पर प्रकृति के बीच का जीवन कितना सुन्दर अवर्णनीय है। शीतल हवा के झोंके कल-कल बहती मन्दाकिनी और विराट मन्दार पर्वत को देखना बहुत ही सुखकारी लगता।

श्रीराम मुझे चित्रकूट की शोभा दर्शन कराने के लिये निकले मैं और श्रीराम विभिन्न धातुओं से अलंकृत मंदार पर्वत को देखकर आश्चर्यचकित थे कहीं चांदी के समान चमक तो कहीं रक्त के समान लाल आभा लिए मंदार पर्वत दिखाई दे रहा था नाना प्रकार के पशु पक्षियों का कलरव आम, जामुन, कटहल, महुआ पीपल, आंवला के वृक्ष फलों से लदे अत्यंत रमणीय लग रहे थे।

श्रीराम साथ-साथ चलने लगे इन शैल शिखरों को देखो, जो प्रेम मिलन की भावना को उद्वीप्त कर रहे हैं।

सीते! देखो लगता है यह चित्रकूट पर्वत पृथ्वी को फाड़कर निकल आया हो इसका शिखर कितना ऊँचा है।

यह पर्वतीय भाग किसी इन्द्र की नगरी से अधिक शोभा दे रही है।

हे देवी! तुम इसे अयोध्या मानों और यहाँ के निवासियों पुरवासी मनुष्यों के समान मानों। मंदाकिनी को सरयू मानों मैं तो तुम्हारे साथ तीनों काल रमना कर रहा हूँ, मधुर फल खा रहा हूँ । न तो मेरी अयोध्या जाने की इच्छा होती है न ही कोई राज्य पाने की, यहाँ आकर लगता है कि जैसे मैंने सब कुछ पा लिया हो। इस प्रकार बात करते-करते हम दोनों ही

मंदाकिनी के तट पर बैठ गये। राम पेड़ों से पके फल तोड़ कर खाने लगे और मुझे भी देने लगे अभी हमारा कुछ देर और बैठने का मन था कि अचानक भारी कोलाहल सुनाई दिया, साथ ही आकाश धूल से भरने लगा, इस कोलाहल से भयभीत होकर जंगल के पशु-पंछी अपने-अपने घरौंदों की ओर भागने लगे पक्षियों के कलरव से पूरा जंगल भयभीत हो गया राम आश्चर्य भरी निगाहों से चारों ओर ताकने लगे। फिर जल्दी ही लक्ष्मण को आवाज लगाई, लक्ष्मण...... देखो तो क्या हो रहा है जंगल के सारे पशु-पंछी इतने भयभीत क्यों हैं कहीं किसी सिंह वगैरह ने इनको डरा तो नहीं दिया या कोई राजा/राजकुमार इधर शिकार खेलने आया हो।

श्रीराम की आज्ञा पाकर लक्ष्मण तुरंत ही फलों से भरे हुये एक शाल वृक्ष पर चढ़ गये और चारों ओर देखने लगे, तभी अचानक दूर से ही एक विशाल सेना उन्हें अपनी ओर आती दिखाई पड़ी, वो हाथी घोड़ों से सज्य योद्धा थे पीछे सैकड़ों पैदल सेना थी।

लक्ष्मण चिल्लाये तात कोई सेना इधर ही आ रही है। आप प्रत्यंचा चढ़ा लें एवं देवी सीता किसी गुफा में जा बैठें श्रीराम ने उन्हें समझाते हुये कहा लक्ष्मण देखो तो किसकी सेना हो सकती है ध्वज तो दिखाइ दे ही रहा होगा आखिर कौन है जो इस पर्वत पर ज़हाँ ऋषि मुनियों का आश्रम है इधर सेना के आने का क्या कारण हो सकता है। तभी सुमित्रानंदन के मन में शंका के भय ने फुफकार डाली भैया! अरे यह तो भरत की सेना है ये जरूर अपने निष्कंटक राजा बनने की चाह लिये हमें मारने के उदेश्य से इधर ही आ रहे हैं तात! आप यह अपने ही चिन्ह वाला ध्वज देख रहे हैं न। आज मैं भरत को देख ही लेता हूँ जिसके कारण आपको एवं मेरी देवी समान भाभी को इस महान संकट का सामना करना पड़ा है।

तात यह भरत हमारा सबसे बड़ा शत्रु है और आज यह सामने आ ही गया है । यदि आपकी आज्ञा हो तो आज मुझे इसका वध करने में कोई पाप नहीं लगेगा यह अधर्म का भागी है इसे तो मारना ही चाहिये ।

मैं कैकेयी का भी एवं उसके सगे संबंधियों का भी वध कर डालूँगा। आज यह धरा कैकेयी रूपी पाप से मुक्त हो जायेगी। लक्ष्मण अति क्रोधित हो रहे थे आज उनका रोष बढ़ता ही जा रहा था। श्रीराम धीरे से उठे और लक्ष्मण को समझाने की चेष्टा करने लगे।

देखो लक्ष्मण मैं यहाँ पिता के वचनों को सत्य सिद्ध करने के लिये आया हूँ हम ऐसा कोई कार्य नहीं करेंगे जो निंदनीय हो फिर भरत के लिये तो मैं ऐसा स्वप्न में भी नहीं सोच सकता, भरत तो मुझे अतिप्रिय है। वे जरूर हमें लेने आये होंगे यदि तुम इतनी कठोर बात उनके लिये कह रहे हो तो मैं उनसे कह देता हूँ कि वह राज्य लक्ष्मण को दे दें भरत मेरी बात कभी नहीं टालेंगे। इतना सुनते ही लक्ष्मण लज्जित हो गये। श्रीराम के चेहरे पर मुस्कान फैल गयी उनकी आँखों में पिताजी के आने की आहट दिखाई पड़ते ही सौमित्र! पिताजी भी आये हैं। हो सकता है हम सबको साथ चलने को कहें, राम ने लक्ष्मण से कहा कि पेड़ से नीचे उतर आओ लक्ष्मण धीरे-धीरे पृथ्वी पर आने लगे। भरत ने सेना को वहीं खड़े रहने का आदेश दिया और किसी को कोई असुविधा न हो इसके लिये आग्रह किया पूरी सेना हाथी घोड़े सैनिक पर्वत के चारों ओर छः कोस की दूरी पर खड़ी हो गयी नीतिज्ञ भरत धर्म को सामने रखकर अति विनम्र भाव से श्रीराम के पैर पकड़कर रोने लगे। समूह में खड़ी सेना भी रोने लगी। उसी कतार में से एक ओर से शत्रुघ्न एवं तीनों मातायें भी एक साथ चली आयीं।

इस पर्णकुटी में जमीन पर बिछा कुश का बिस्तर, पूर्व की ओर पूजा का स्थान, पीत वस्त्र धारण किये, इस राम को देखकर भरत तो हाथ जोड़कर जमीन पर गिर पड़े। उनको इस अवस्था में देखना किसी भी प्रिय के लिये पीड़ादायी था श्रीराम भरत के इस दुर्बल काया एवं उदास चेहरा बस देखते रह गये।

भरत बहुत कमजोर हो गये थे। श्रीराम ने उन्हें दोनों हाथों में लेकर गले से लगाया भरत ने अपने आँसुओं को रोकते हुये कहा कि तात जब

आप वन को आये तब पिताजी कहाँ थे। क्योंकि उनके जीतेजी तो आप उन्हें छोड़कर यहाँ आ ही नहीं सकते थे।

श्रीराम की आँखें भर आयी, भरत तुम पिता के साथ अच्छे से रहते हो न? उनकी सेवा करते हो न? मातायें कैसी हैं? उनका ख्याल रखते हो न? राम के शब्दों से भरत के आँसुओं की गति और तेज हो गयी। राम और भरत एक बार फिर गले मिले वहाँ उपस्थित सभी लोगों की आँखों से आँसुओं की अविरल धारा बहने लगी।

वशिष्ट जी ने गुरूकुल परम्परा के अनुसार अपनी बात रखी रघुनंदन तुम वापिस चलो इस वंश परम्परा में बड़ा पुत्र ही राजा बन सकता है। राजा नहीं रहे दशरथ महा यशस्वी श्रीराम अपनी कुल परम्परा जो सनातन कुलधर्म है। उसका निर्वाह करें बहुत से अवतार देशों वाली तथा प्रचुर रत्नराशि से सम्पन्न इस वसुधा का पिता की भांति पालन करो। हे श्रीराम मैं तुम्हारा गुरू हूँ मेरी आज्ञा का पालन करने पर तुम सत्पुरूषों के पाप का त्याग करने वाले नहीं समझे जाओगे यहाँ तुम्हें सभी राज्य के समारूण बन्धु बांधव तथा सामन्त राजा पधारे हैं। इनके प्रति धर्मानुकूल बर्ताव करने से भी तुम्हारे द्वारा सन्मार्ग का उल्लंघन भी नहीं होगा अपनी माता के बुलावे का आदर करो। कुलगुरु व माता-पिता सर्वदा अपने पुत्र से स्नेहपूर्ण बर्ताव करते हैं। इसका ऋण तो कभी चुकाया नहीं जा सकता। अतः मेरे पिता ने जो आज्ञा मुझे दी है वह मिथ्या नहीं होगी श्रीराम के ऐसा कहने पर भरत उदास हो गये और बोले सुमन्त जी रथ की कुशा बिछा दीजिये श्रीराम जब तक मुझ पर प्रसन्न नहीं होंगे मैं बिना किसी अन्न जल के वहीं बैठूंगा स्थिति बड़ी जटिल थी एक ओर पिता की आज्ञा तो दूसरी ओर भरत का माताओं के साथ ले जाने की जिद मैं उदिग्न थी लक्ष्मण का मन बदल रहा था पर श्रीराम तो कहीं से भी नहीं, उनका दृढ़ निश्चय हिमालय के समान अडिग था। भरत तथा वहाँ खड़ी सेना ने यह निश्चित कर लिया था कि अन्ततः हमें ही लौटना होगा भरत बिलखने लगे।

रघुनंदन मेरी सुनें और सही सम्यक विचार करें, मेरा और जल का स्पर्श करें राम ने उठकर मंदाकिनी का जल स्पर्श किया तथा साथ ही भरत ने अपनी अजुंरी में जल लेकर कहा मैं यहाँ सबको साक्षी मानकर कहता हूँ कि न तो मैंने पिता से ही राज्य माँगा था और न ही कभी माता से इसके लिये कहा था। मेरे मन में ऐसा विचार कभी आया भी नहीं आज श्रीराम वन में हैं तो वहाँ मेरी कोई सम्मति भी नहीं हैं फिर भी यदि इनके लिये पिता की आज्ञा ही सबकुछ है तो इसके बदले मैं चौदह वर्ष वन में रह लूँगा।

भरत का दृढ़तापूर्वक यह बात कहना सभी लोगों के लिये विस्मयकारी रहा श्रीराम ने भी पुरवासियों के समक्ष अपनी बात रखी कैकेयीनंदन तुम उत्तम कुल में उत्पन्न हुये हो तुम्हारा आचरण उत्कृष्ट है तुम्हारा यश महान है पर पिता की ओर देखोगे तो तुम्हें लगेगा कि पिता की आज्ञा तुम्हारे लिये सर्वोपरि है।

चौदह वर्ष की अवधि बीत जाने पर जब मैं वन से वापस आऊँ तब अपने इस धर्मशील भाई के साथ संसार का श्रेष्ठ राजा बनूँगा माँ कैकेयी ने राजा से जो वर माँगा था। उसे मैंने सहर्ष स्वीकार किया अब तुम मेरी बात मान कर असत्य के बंधन से मुक्त करो। दोनों भाइयों से विचार विमर्श चलता रहा, तभी वहाँ आये राजर्षि, गन्धर्व, महर्षि सभी इनकी महानता की गाथा लिये अपने-अपने स्थान को चले गये मैं दोनों के विशाल हृदय से इतनी प्रभावित थी कि रह-रह कर आँखें भर आ रही थी जैसे लग रहा हो कि प्रेम और शरीर दोनों सामने खड़े हों, भरत लड़खड़ा गये।

तात ऐसा न कहें। मैं तो स्वयं राज्य संभालने के विषय में कुछ जानता ही नहीं। इतना बड़ा राज्य आप मेरे हाथों में सौंप कर प्रजा के साथ न्याय नहीं कर रहे हैं मुझे इस पाप का भागी न बनायें। जैसे लग रहा था भरत की आँखों में मंदाकिनी उतर आयी हो वह रोते जा रहे थे और बोलते जा रहे थे आप इस राज्य को स्वीकार करके इसे किसी को चलाने का भार सौंप दें। वही पुरूष आपके प्रजा का अथवा लोक का पालन करने में समर्थ

होगा।

भरत श्रीराम के चरणों में गिर पड़े। राम ने उन्हें उठाकर अपने कंधों से लगा लिया।

“भरत ! जिसमें विनम्रशीलता है वह समस्त भूमण्डल की सेवा कर सकता है। तुम इसके योग्य हो भाई मैं पिता की आज्ञा से मुक्त नहीं हो सकता हूँ । चन्द्रमा चांदनी से भले ही विलग हो जाये परंतु मैं पिता के वचन को नहीं छोड़ सकता।” राम का दृढ़ मंतव्य स्पष्ट कर गया कि तात नहीं लौटेंगे उनके इस वचन को तोड़ना असम्भव था। भरत ने दो स्वर्णभूषित चरण पादुकायें निकाल कर कहा।

आपके चरणों में अर्पित हैं आप इन पर चरण रखें ये ही सम्पूर्ण राष्ट्र की रक्षा करेंगी राम ने शीघ्र ही चरण पादुकायें अपनी चरण पादुका से लगा कर श्रीभरत को वापस कर दीं।

उन पादुकाओं को भरत ने माथे से लगाया और कहा कि मैं चौदह वर्ष तक वनवासी की तरह जीवन व्यतीत करूँगा। कन्दमूल फल इत्यादि खाऊँगा एवं आप के आने की प्रतीक्षा करूँगा। यदि चौदह वर्ष के अगले दिन मुझे आपके दर्शन न मिले तो मैं अग्नि में शरण ले लूँगा, राम ने उन्हें हृदय से लगा लिया। भरत! इतना भातृ स्नेह का उदाहरण न कभी था न कभी होगा। तुम माता कैकेयी की रक्षा करना उनके प्रति कभी कोई उंगली न उठे यह ध्यान देना श्रीराम ने समस्त पुरवासियों, माताओं और गुरूजनों को विदा किया सभी कामदगिरी की परिक्रमा कर अयोध्या की ओर चल दिये। भरत अपनी सेना के साथ रमणीक स्थानों से निकलते हुये चित्रकूट से निकल गये। कुछ समय बाद चित्रकूट से ऋषियों का पलायन प्रारम्भ हो गया । कुछ ऋषियों की सशंकित निगाहें कुछ प्रश्न करने लगी थी कुछ ऋषि राम से छुपकर धीरे-धीरे वार्तालाप कर रहे थे। श्रीराम बड़े सकुचाये । वे डरते हुये पूछ बैठे। गुरूवर बात क्या है मुझसे कोई अपराध हो गया है या कोई विकार आ गया है, मेरी पत्नी से या कोई भाई से गलती हो गयी? क्यों समूचे प्रदेश

से ऋषि मुनियों का जाना हो रहा है। आखिर ऐसा क्यों हम सभी से कोई अपराध हो गया है राम हाथ जोड़े उन सबके समक्ष खड़े हो गये।

नहीं भगवन! आप सब तो स्वभाव से ही कल्याणमयी हैं और सदा ही सबके कल्याण में ही रत रहते हैं।

राम ने आदेश दिया 'अब चलो हम आगे बढ़ते हैं यहाँ रुकना अब ठीक नहीं है।'

हम सब आगे बढ़ गये ।

दण्डक वन

आगे बड़ा दारूण वन था। नाम आया 'दण्डकारण्य' जहाँ घने पेड़ों के बीच सूरज की किरणें भी मशक्कत करती पर जंगल के पेड़ों के डैने जीत जाते। अंधेरा गहराने लगा। जंगल के बीच रात्रि हमने विश्राम किया। पेड़ की झुरमुट में पेड़ के तने से अध लेटे रात बितायी।

दण्डकारण्य में प्रवेश करते ही मन घबराने लगा। दिन में ही धुंधली शाम की तरह लगने लगा। पर इस वन में तो कई रमणीक स्थल दिखने लगे। पहले एक बड़ी साफ सुथरी कुटिया दिखी। बाहर चारों ओर फूल खिले दिख रहे थे। एक बूढ़ी माँ आग जलाये दिखी। श्रीराम उस ओर मुड़े। बूढ़ी माँ दौड़ती-दौड़ती आयीं- आइये, आइये। राम ने माँ के चरण छूये। मैं और लक्ष्मण भी साथ में चरण छूने लगे। अनुसुइया माँ का स्वर एक दिव्य स्वर लगा।

मैं आँचल लेकर झुकी। माँ का हाथ मेरे सिर पर आ गया। सौभाग्यवती रहे बेटी माँ ने उठा लिया।

अनुसुइया माँ का व्यक्तित्व बहुत ही आकर्षक था। उनकी आभा से ही उनके आसपास का वातावरण सुगन्धित हो रहा था तथा श्रीराम ने मुझे देख समझ लिया। वे माँ अनुसुइया का परिचय देने लगे। एक समय दस हजार वर्षों तक वर्षा नहीं हुयी। सारा जगत दग्ध-दग्ध होने लगा। तब माता अनुसुइया की कठोर तपस्या से समस्त विघ्नों का निवारण हुआ। इन्हें क्रोध छू भी नहीं सकता। सीते! आप माँ के साथ जायें और उनका सुभाशीष लें।

मैं माँ के पीछे-पीछे चल पड़ी। अपने दोनों हाथ जोड़े मैं माँ के समक्ष खड़ी हुयी। उस संयमशील तपस्वनी ने मेरे दोनों हाथ पकड़ लिये और

कुशलक्षेम पूछने लगीं। मैं मौन मुस्कुराती रही।

धर्म का आचरण करने वाली माँ मुझे देखकर बहुत प्रसन्न दिख रही थी और मेरे सिर पर हाथ रख कर सांत्वना देती हुयी बोली- सीते! तुम धर्म पर दृष्टि रखती हो। सारे सुख छोड़कर श्रीराम के साथ वन प्रवास में शामिल हो गयी। यह बड़े सौभाग्य की बात है।

विदेह राजनन्दनी! मैं बहुत विचार करने पर भी पति से बढ़कर कोई हितकारी बन्धु नहीं देख पाती हूँ। साध्वी स्त्रियाँ अपने गुणों से ही पुण्यकार्य में संलग्न रहती है। अतः वे दूसरे पुण्यात्मक की भांति सुख में विचरण करेंगी।

"सीते! तुम्हारे स्वयंवर की कथा मैं सुनना चाहती हूँ।" सुनाओ-माँ ने आदेश दिया।

मैं भाव-विह्वल हो गयी। मैंने अपनी पूरी कथा सुना दी।

माँ अनुसुइया ने मेरी कथा सुनकर मुझे बाहों में भर लिया।

माँ ने मुझे आभूषणों का उपहार दिया और मुझे इसे पहन कर जाने को कहा।

मैं श्रृंगाररत होकर श्रीराम के पास कुटिया में आयी और श्रीराम को माँ अनुसुइया के साथ की गयी बातें बतायी।

सुबह हम माँ से आज्ञा लेकर आगे की ओर बढ़े। ऋषि और माँ अनुसुइया ने बहुत सारे आशीर्वाद हमें दिये।

इससे आगे और घना वन था। लग रहा था कि हम अंधेरे में चले जा रहे हैं।

यह वन भले ही कहा जाता पर है तो तपस्थली। जहाँ मुनियों, ऋषियों के मंत्रोच्चार होते, प्रकृति अपनी हरियाली की चादर डाले मधुर संगीत सुना रही है। इसमें हजारों रंग-बिरंगी चिड़ियों के कलरव से इसमें नृत्य संगीत हो रहा है। अद्भुत है दण्डक वन।

यहाँ का भू-भाग इतना मनोरम है कि यहाँ अप्सरायें प्रतिदिन नृत्य

करती है। बड़ी-बड़ी अग्निशालायें, मृगचर्म कुश, समिधा एवं फल-फूल शोभा बढ़ा रहे हैं। उस पर से स्वादिष्ट फल देने वाले बड़े-बड़े वन्य वृक्षों से आकाश मण्डल घिरा हुआ है।

यह दण्डक वन कई ऋषियों के अद्भुत और उनकी तपस्थली थी। श्रीराम की विनम्रता ऐसी थी पूरा दण्डक वन ही आश्रम की तरह दीप्त हो रहा था। बिल्कुल स्वच्छ और मनोरम था आश्रम। रास्ते में पड़ते कई आश्रम जहाँ के ऋषि, राम को देखते ही अपने आश्रमों से निकलकर रास्तों पर आ जाते थे। राम का अद्भुत स्वरूप देखकर ऋषियों के चेहरे पर एक चमक आ जाती थी। अभी हम कुल तीन दिन ही चले थे कि ऋषियों ने आगे जाने पर कई सावधानियाँ बतायी।

रात्रि में उन ऋषियों का आतिथ्य ग्रहण कर सवेरे सूर्योदय होने पर समस्त मुनियों से विदा लेकर हम आगे बढ़ गये।

थोड़ी देर बाद ही लक्ष्मण और श्रीराम ने वन के मध्य भाग में एक ऐसे स्थान को देखा, जो मृगों से व्याप्त था। वहाँ बहुत से रीछ, बाघ भी रहा करते थे। वहाँ के वृक्ष, लतायें एवं झाड़ियाँ नष्ट भ्रष्ट हो गई थी। उस प्रांत में एक जलाशय भी देखा गया । झींगुरों की आवाज आ रही थी।

तभी एक विराट भयनाक राक्षस दिखायी दिया। जो देखने में बेहद विकराल रूप धारण किये था। यह राक्षस श्रीराम भी देख रहे थे। इसकी गहरी आँखें बड़ा मुँह पेट विकराल, बेडौल सा बड़ा ही विकृत रूप था। वह मांस और चर्म लपेटे हुए गर्जना कर रहा था।

हमें देखते ही उसका क्रोध और बढ़ गया। भैरवनाथ की तरह उसकी ध्वनि टकराने लगी। ऐसा लगा मानों पृथ्वी हिलने लगी। वह तेजी से दौड़ा उसने एक हाथ से ही मुझे पकड़ कर अपने पीछे खड़ा कर दिया। उसके स्वर में गर्जना थी। तुम दोनों जटा और चीर धारण करके स्त्री के साथ रहते हो और हाथ में धनुष बाण लेकर दण्डक वन में घुस आये हो। तुम्हें पता ही नहीं है कि यहाँ आने वाला कोई मनुष्य जिंदा नहीं लौटता।

तुम तपस्वी वेष में हो फिर स्त्री साथ में क्यों है? अधर्मपरायण, पापी मुनी समुदाय को कलंकित कर रहे हो तुम दोनों।

मैं विराध राक्षस हूँ तथा प्रतिदिन ऋषि मुनियों का भक्षण करता हूँ। विराध ने अपना परिचय खुद दे दिया।

यह स्त्री बड़ी सुन्दर है। मेरी भार्या बनेगी और तुम दोनों का तो मैं भक्षण करूँगा और वह जोर-जोर से हँसने लगा। मैं थर-थर कांपने लगी। राम के आँखों से झरझर आँसू गिरने लगे। लक्ष्मण सांत्वना देने लगे। राम ने विराध से प्रश्न किया तुम कौन हो? विराध और भी क्रोधित हो गया। मैं जय नामक राक्षस का पुत्र हूँ। माता का नाम शतहती है। लोग मुझे विराध के नाम से जानते हैं। ब्रह्मा जी के वरदान से मेरा कोई किसी शस्त्र से वध नहीं कर सकता और न ही मेरे शरीर को छिन्न भिन्न कर सकता है उसने मुझे खींच लिया । अब तुम दोनों इस स्त्री को छोड़कर यहाँ से भागो नहीं तो दोनों के प्राण ले लूँगा। राम ने शीघ्र ही धनुष पर प्रत्यंचा चढ़ायी और लगातार सात बाण छोड़े। जो वायु के समान वेगशाली और पंखों से सुशोभित था। विराध धरती पर गिर पड़ा। उसके शरीर से खून बहने लगा। मैं उसके हाथ से छूट गयी। श्रीराम और लक्ष्मण ने बाणों की वर्षा कर दी।

पर विराध ने श्रीराम और लक्ष्मण को अपने कंधे पर बिठा लिया और पीछे की ओर भागने लगा। राम ने बिना किसी अवरोध के लक्ष्मण को भी चलने को कहा। मैं जोर-जोर से चिल्लाने लगी। श्रीराम और लक्ष्मण के साथ मुझे भी ले चलो। मैं भी साथ ही मरूँगी। तभी राम ने उसकी दाहिनी भुजा तथा लक्ष्मण ने बायी भुजा काट दी। वह पर्वत शिखर की भांति पृथ्वी पर गिर पड़ा। वह गिड़गिड़ाने लगा। आप का बल देवराज इन्द्र के समान है। मैं आपके हाथों मारा गया। मोहवश मैं आपको पहचान नहीं पाया।

मैं तुम्बर नामक गंधर्व हूँ। कुबेर ने राक्षस होने का श्राप दिया था। और कहा था श्रीराम आयेंगे और वही तुम्हारा कल्याण करेंगे। मुझे गड्ढे में दफना दो ताकि मैं सनातन धर्म को प्राप्त हो जाऊँ।

श्रीराम ने ठीक वैसा ही किया।

विराध संतुष्ट हो गया और शांति से गड्ढे में अपनी अंतिम यात्रा का समापन किया।

श्रीराम और लक्ष्मण मेरे साथ दण्डक वन में आगे बढ़ने लगे। उस समय विश्राम की आवश्यकता लग रही थी। आगे बढ़ते ही ऋषि शरभंग जी का आश्रम मिला। श्रीराम ने देवताओं के तुल्य प्रभावशाली तथा तपस्या से शुद्ध अन्तःकरण वाले शरभंग मुनि के समीप जाकर एक अद्‌भुद दृश्य देखा।

नीले आकाश में एक श्रेष्ठ रथ पर बैठे हुए देवराज इन्द्र का दर्शन किया। उसके साथ बहुत से देवता पक्ष, गन्धर्व इन्द्र देव की स्तुति कर रहे थे और वहीं शरभंग मुनि से देवराज इन्द्र बात कर रहे थे।

श्रीराम ने लक्ष्मण से कहा ''देखो उधर देखो! कितना अद्‌भुत दृश्य है। मैंने और लक्ष्मण ने तेज पुंज से प्रकाशित उसी रथ को देखा।

हम तीनों उस आश्रम की ओर बढ़े। तब तक शरभंग ऋषि अग्निहोत्र कार्य में संलग्न हो गये थे। शरभंग ऋषि को प्रणाम करके हम तीनों अग्निहोत्र कर्म को सम्पन्न होते देखने लगे।

ऋषि बड़े आर्द स्वर में बोले प्रभु मुझे इन्द्र देव लेने आये। पर मुझे आपके आने का पूर्वाभास हो गया था। मैं उन्हें साथ चलने को मना किया कि रघुवीर के दर्शन करके चलूँगा। शरभंग ऋषि ने श्रीराम को आगे आश्रम बताया एवं सुतीक्ष्ण आश्रम की ओर इशारा किया।

हम सब के साथ में ही अग्निहोत्र कर्म के बाद शरभंग ऋषि खुद विचित्र भाव से बोल रहे थे।

रघुवीर जहाँ सभी सन्तों का डेरा है। राक्षसों का उपद्रव बहुत ही है। एक मात्र आपका सहारा है। आप इन सब की रक्षा करें।

पम्पा सरोवर और उसके निकट बहने वाली तुङ्ग भद्रा नदी के तट पर जिसका निवास है जो मन्दाकिनी के किनारे रहते हैं। उन सभी ऋषियों का संहार किया जा रहा है। अतः इन राक्षसों से हमें बचा लीजिये। ऋषि

की आँखों में आँसू आ गये।

मुनिवर आप तनिक भी चिन्ता न करे। मैं तपस्वी महात्माओं का आज्ञा पालक हूँ। मैं प्रतिबद्ध हूँ इन राक्षसों से आप सबकी रक्षा करने में, राक्षसों द्वारा आपको जो कष्ट पहुँच रहा है उसके लिए तो मैं पिता के आदेश का पालन करते हुए वन में आया हूँ।

सुतीक्ष्ण मुनि के आश्रम में हम पहुँच गये। अब रात्रि हो चली थी। सुतीक्ष्ण मुनि ध्यान मग्न होकर बैठे थे। श्रीराम उनको प्रणाम करके आगे बढ़े तो गन्धर्व ने गले लगा लिया। श्रीराम को देखते ही उनके चेहरे पर शांति लौट आयी और बोले रघुवीर आपका स्वागत है। आपके आगमन से यह आश्रम धन्य हो गया। आप चित्रकूट पर्वत पर आकर रुके हैं। तभी से मैं बाट जोह रहा था। मैं धन्य हो गया हूँ पर एक बात कहना चाह रहा हूँ। श्रीराम ने हाथ जोड़ लिये। जो आदेश करे। ऋषि सुतीक्ष्ण ने मुनियों की वास्तविक स्थिति इस जंगल में बतायी। सामने पड़े गड्ढे में कई नरकंकालों को दिखाया और राम से इसे महासंग्राम को रोकने की गुजारिश की।

श्रीराम दण्डक वन में कई ऋषियों-मुनियों से मिलकर अपनी यात्रा को आगे बढ़ाते हुए चल रहे थे। हम पीछे-पीछे थे।

रमणीक पंचवटी

महर्षि अगस्त का प्रेम हम सब के लिए बहुत सुखकारी बना। ऋषि का उदार मन, व्यक्तित्व राम के लिए सुखकारी था ही, पर मेरे लिए भी अत्यन्त सुखदायी था। महर्षि अगस्त की विनम्रता और उनकी प्रशंसनीय वाणी मन को मोह लेती थी। महर्षि अगस्त कह रहे थे श्रीराम आप सब यहाँ आये यह देखकर मैं बहुत प्रसन्न हूँ ये सुकुमारी जो वन को जाना ही नहीं सिर्फ पति प्रेम में आपके साथ आयी। मैं इसके इस आचरण से बहुत खुश हूँ। स्त्रियाँ चंचल स्वभाव की होती है। पर आप जैसी तपस्वी सीता में ऐसा कुछ नहीं दिखायी देता। यह अरूंधती की तरह पतिव्रताओं में अग्रण्या है।

श्रीराम आपके यहाँ आने से इस धरती की शोभा बढ़ गयी है। मुनि के ऐसा कहने पर श्रीराम दोनों हाथ जोड़कर खड़े हो गये है। ऋषि हमें कोई ऐसा स्थान बताये जहाँ जंगल, जल हो वहाँ हम अपना निवास बनायेंगे।

श्रीराम जहाँ सीता का मन लगे वहीं रहें। आपने राक्षसों के वध का संकल्प लिया है और यहाँ राक्षसों का आना-जाना कम होता है। इसलिए यहाँ से थोड़ी दूर पर ही पंचवटी है। वहाँ की वनस्थली बड़ी रमणीय है। वहाँ सीता आनन्दपूर्वक विचरेंगी बड़ी प्रचुर मात्रा में फल फूल भी हैं और एकांतवास के साथ-साथ पर्वत धाम भी रमणीय है।

हम पंचवटी की ओर चल पड़े।

पंचवटी का मार्ग घनघोर जंगल और चारों ओर लम्बे-लम्बे घने पेड़ थे।

गोदावरी नदी के जल से आचमन करने के लिए हम आतुर थे।

पंचवटी जाते समय बीच में एक विशाल पेड़ एक विकराल पक्षी दिखाई दिया। वह भयंकर पराक्रम प्रकट करने वाला था।

जंगल के इस कोने पर उस विशाल पक्षी को देखकर श्रीराम और लक्ष्मण ने उसके करीब जाकर पूछा "आप कौन हैं ?"

उसने उन्हें प्रसन्नता से देखा और बड़ी कोमल और मधुरवाणी से कहा बेटे मुझे अपना मित्र समझो मैं तुम्हारे पिता का मित्र हूँ। मैं विन्तानन्द अरूण का पुत्र हूँ। मैं दो भाई हूँ। एक मैं जटायु और दूसरा सम्पाती। यदि आप चाहे तो मैं आप सबका सहायक बनूँगा। यह दुर्गम वन मृगों और राक्षसों से सेवित है मैं आपकी सेवा में रहूँगा।

ऐसा सुनकर जटायु ने श्रीराम का स्वागत किया। जटायु का बड़ा सम्मान किया और साथ ही चलने लगे। ऋषि अगस्त ने जैसा कहा था वैसा ही रमणीक स्थान मिल गया था। गोदावरी नदी के किनारे वह निर्जन स्थान जहाँ विकसित वृक्षावलियों से घिरी हुई यह रमणीक गोदावरी नदी बह रही है। इसमें हंस और कारडण्व आदि पक्षी जलबिहार कर रहे हैं। चकवे इसकी शोभा बढ़ा रहे हैं और पानी पीने आयें मृगों के झुंड इसके तट पर दिखाई दे रहे थे।

इस रमणीय स्थान पर राम ने उद्दीप्त तेज वाले अपने भाई लक्ष्मण से कहा।

लक्ष्मण! सही ही कहा था ऋषि अगस्त ने। है न रमणीक स्थान। यहीं पर अपनी पर्णकुटी बनाओ। सीता का मन यहाँ अवश्य लगेगा।

मैंने लक्ष्मण के साथ इस स्थान का चयन दिया जो समतल और सुन्दर था फूल और फलों से लदे वृक्ष भी थे। साथ ही सूर्य के समान उज्जवल क्रांति वाले कमलों से रमणीय प्रतीत होने वाली पुस्करिणी दिखाई दे रही है।

नदी कन्दराओं से युक्त ऊँचे पर्वत दिखाई दे रहे थे। मयूरों की गूंज भी सुनाई दे रही थी।

जगह-जगह पर सोने-चांदी तथा तांबे के समान रंग वाले सुन्दर धातुओं से उपलक्षित ये नदी ऐसे प्रतीत हो रहे थे मानों रात्रि में आकाश के तारे टिमटिमा रहे हैं ।

लक्ष्मण! यह स्थान बहुत रमणीय है यहीं बनाओ कुटी लक्ष्मण

तुरन्त ही इस कार्य को करने में लग गये। सूर्य के अस्त होने से पूर्व पर्ण कुटी क्या पूरा आश्रम तैयार हो गया। लक्ष्मण ने आश्रम के चारों और मिट्टी से छोटी दीवार खड़ी कर दी। उस पर बांस के बराबर के डंडे गाड़ दिये। पर्ण कुटी पर बांस के डंडे रखकर शमी के लतायें फैला दी। कस, कास, सरकड़े तथा पत्ते बिछाकर उस पर्ण को ऊपर से ढक दिया। एक सुन्दर निवास स्थान बन गया। लक्ष्मण पर्णकुटी बनाने के बाद गोदावरी में स्नान करने गये। श्रीराम ने उस पर्ण कुटी को भीतर से देखा है। थोड़ी देर ठहर गये। लक्ष्मण को नहाकर आते देखा। सामर्थ्यशाली लक्ष्मण! मैं तुम्हारे कार्य से बहुत प्रसन्न हूँ और दोनों बाहें फैलाकर उनका आलिंगन किया। तुम मेरे मन को जानने वाले हो।

मैं और श्रीराम उसी कुटी में रहे और लक्ष्मण बाहर पर्णकुटी के सामने एक वृक्ष के नीचे रहते।

लक्ष्मण की सेवा भाव, उनकी सगमता हमें हर पल लुभाती रहती।

समय अपनी गति से चलता रहा। शरद ऋतु बीत गई और प्रिय हेमन्त ऋतु का आगमन हो गया।

इस हेमन्त काल में रातें बड़ी होती है।

इसमें सर्दी बढ़ गई थी। सब जीव-जन्तु अपने बाड़े में सोने लगे।

जौ और गेहूँ के खेतों से घिरे बहुसंख्यक वन सांपों से ढके हुये थे और सारस कलरव कर रहे थे। सूर्य निकलते समय वनों से आती किरणें बड़ी शोभा दे रही थी।

श्रीराम भरत को याद कर दुःखी होने लगे थे। भरत अयोध्या से अलग कैसे रहता होगा। बड़ा ही अकेला होगा।

राम लक्ष्मण से अपनी चिन्ता बाँटने लगे। लक्ष्मण! मुझे भरत के परम प्रिय स्वर सुनाई देने लगे है। कब वह दिन आयेगा जब मैं तुम्हारे साथ महात्मा भरत और वीरवर शत्रुघ्न से मिलूँगा। राम के चेहरे पर चिन्ता साफ झलक रही थी पर लक्ष्मण के चेहरे पर क्रोध की झलक आने लगी। खर

राक्षस जो शूर्पणखा का भाई था। चौदह राक्षसों के साथ युद्ध करने आया।

श्रीराम और लक्ष्मण के साथ मैं गोदावरी में स्नान के लिये आयी। वहाँ स्नान करने के बाद राम ने समस्त पितरों का तर्पण किया। सूर्योदय के बाद हम पूजा अर्चना में लग गये।

सूरज सिर चढ़ आया। हम तीनों अपनी पर्णकुटी में आ गये। कन्दमूल फल खाने के बाद श्रीराम और लक्ष्मण बाहर पेड़ों के नीचे बैठे बातें कर रहे थे। मैं कन्दमूल फल व्यवस्थित कर रही थी।

तभी वहाँ शूर्पणखा नाम की एक राक्षसी आ गयी। जिसका स्वरूप बड़ा ही बेडौल था। क्षीणकाय शरीर वाली बड़ा ही भयानक एवं विकृत स्वरूप लिये बड़े पेटवाली थी। शूर्पणखा का रूप बेहद विकराल और आवाज भैरवनाद करने वाली थी। पर तुरन्त ही वह काम भाव से आविष्ट हो, पल भर में सुन्दर रूप बनाकर आ गयी। तुम कौन हो? तपस्वी के वेष में हो और हाथ में तरकस लिये हो। आखिर प्रयोजन क्या है तुम सबका ?

श्रीराम ने कहा "देवी! मैं राजा दशरथ का पुत्र हूँ श्रीराम और ये मेरे अनुज है लक्ष्मण। हम धर्मरक्षा के उद्देश्य से यहाँ आये है और वन में निवास कर रहे हैं।

देवी तुम कौन हो? श्रीराम ने पूछा।

शूर्पणखा ने कहा - मेरा नाम शूर्पणखा है। मैं सभी प्राणियों के मन में भय उत्पन्न करती हूँ। मैं लंकाधिपति रावण की बहन हूँ। रावण, कुम्भकर्ण और विभीषण मेरे तीन भाई हैं।"

मैं तुम्हारे रूप-सौन्दर्य से आसक्त हो गयी हूँ। ऐसा पुरूष हमने देखा ही नहीं। मैं बेहद प्रेम से तुम्हारे पास आयी हूँ।

राम! जोर-जोर से हँसने लगे फिर मुस्कुराते हुये बोले "देवी! मैं विवाह कर चुका हूँ। यह मेरी प्यारी पत्नी है। मेरे अनुज लक्ष्मण की ओर जाओ। ये तुम्हारे योग्य पति होंगे।

शूर्पणखा श्रीराम के कहने पर उस ओर गई जिधर लक्ष्मण बैठे थे।

लक्ष्मण बोले मैं तो भाई राम का एक दास हो। तो तुम दासी क्यों बनना चाहती हूँ। तुम उधर ही जाओ। वो एक शक्तिशाली राजा है। सभी ऐश्वर्य से पूर्ण तुम उनकी छोटी रानी बनकर रह सकती हो ।

कभी इधर कभी उधर यह दृश्य चलता रहा। दोनों भाई उसे एक-दूसरे के सिर पर मढ़ रहे थे। राक्षसी क्रोध में आ गई। राम यदि तुम मुझसे विवाह नहीं करते तो मैं इस मानुषी (सीता) को खा जाऊँगी। ऐसा कहने के तुरन्त ही बाद सीता की ओर झपटी। मानों कोई भारी उल्का रोहिणी नामक तारे पर टूट पड़ी हो।

श्रीराम ने कुपित होकर लक्ष्मण को इशारा किया।

लक्ष्मण ने देखते ही देखते अपनी मयान से तलवार खींच कर उस राक्षसी के नाक कान काट लिये।

नाक कान कट जाने के बाद शूर्पणखा जोर-जोर से चित्कार करने लगी और तेजी से लपकते हुये वन की ओर भाग गई।

लक्ष्मण के चेहरे पर मुस्कुराहट आ गई। राम ने निशाचरों से पूछा "वहाँ ऋषि मुनियों की हत्या तुम लोग क्यों करते हो। हम लोग इसी उद्देश्य से आये हैं कि ऋषि मुनियों को बचाया जा सके। तुम सब के सब पाप और अपराध करने वाले हो। इसीलिए मैं धनुषबाण लेकर तुम्हारा वध करने आया हूँ।

निशाचरों! यदि प्राणों को लोभ हो तो रुको वरना भाग जाओ।

राक्षस यह सुनकर बहुत क्रोधित हुये और चौदहों राक्षसों पर राम टूट पड़े। परन्तु श्रीराम सम्भले हुये थे फिर धनुष लेकर उस पर उन बाणों को कान तक खींच कर राक्षसों को लक्ष्य करके छोड़ दिया। जैसे इन्द्र ने वज्रो का प्रहार किया हो।

फिर एक बड़ा सन्नाटा। उस दिन कोई आवाज नहीं आयी। फिर दो तीन दिन बाद चौदह हजार राक्षसों ने पूरे दण्डकारण्य को तहस-नहस कर रखा था। चिल्लाहटें, चिघाड़ने के साथ वृक्षों को तोड़ते आकाश में गधे के समान धूसर रंग वाले बादलों की भयंकर घटा घिर आयी। अमंगलमय

सूचक रक्तमय जल की वर्षा होने लगी।

आकाश से गर्जना का स्वर सुनाई देने लगा। सूर्यमण्डल के चारों ओर अलातचक्र के समान गोलाकार छेद दिखाई देने लगा। जिसका रंग काला और किनारे लाल रंग दिखाई दे रहे थे। तभी उस रथ की सुवर्णमयी दण्ड वाली ऊँची ध्वजा पर एक विशालकाय गिद्ध आकर बैठ गया। वह देखने में बड़ा विशाल और भयंकर लग रहा था। चारों ओर घोर अंधकार हो गया। चील, गिदड़, गिद्ध चित्कार करने लगे। सूर्य के निकट परिधि के समान धड़ घूमने लगा। हवा तेज चलने लगी और जैसे लग रहा था कि भयंकर राहू अमावस्या के बिना ही सूर्य को ग्रासने लगा। हवा तेज चल रही थी जिससे सूर्य की रोशनी धीमी लग रही थी। गरजते हुए राक्षसों का घोरनाद सुनाई देती है और राक्षसों द्वारा बजायी गयी रणभेरियो की यह महाभयंकर ध्वनि कानों में चुभ रही थी।

राम ने लक्ष्मण से कहा "वत्स! तुम सीता को लेकर किसी सुरक्षित स्थान पर चले जाओ। मैं इनसे युद्ध करूँगा।

लक्ष्मण के चेहरे पर विषाद की रेखायें फैल गयी।

राम ने उन्हें सांत्वना दी। इसमें सन्देह नहीं कि तुम बलवान और शूरवीर हो तथा इन राक्षसों का वध कर सकते हो। परंतु इनसे मेरा युद्ध करना ही उचित है। तुम सीता को लेकर कहीं सुरक्षित स्थान पर चले जाओ। लक्ष्मण मुझे लेकर आगे बढ़ गये।

रोष से भरे हुये श्रीराम का रूप कुपित हो गया था। मानों रूद्र देव के समान प्रतीत हो रहा था।

चौदह हजार राक्षसों और एक मात्र श्रीराम सारे देव योनियों गण श्रेष्ठ ब्रह्मऋषि कौतुहलवश आकाश में खड़े हो गये।

उसी समय भयंकर ढाल, तलवार आदि आयुधों एवं खजाओं से युक्त होने वाली निशाचरों की यह सेना गर्जना करती हुयी चारों ओर से श्रीराम जी के पास पहुँची।

वह सेना बड़े वेग से श्रीराम की ओर चली। खर ने सेना का निरीक्षण किया और युद्ध के लिए ललकारा। श्रीराम को देखते ही तीव्र टंकार करने वाली प्रत्यंचा सहित धनुष को उठाकर सूत को सामने आने की आज्ञा दी।

उन राक्षसों के घोर अस्त्र-शस्त्र के प्रहार से श्रीराम का शरीर क्षत-विक्षत हो गया था। तो भी वे विचलित नहीं हुये। श्रीराम जैसे संध्याकार के बादलों से घिरे हुये सूर्य देव के समान लग रहे थे।

उस समय के युद्ध में अकेले राम ने सभी देवता, सिंह, गन्धर्व इत्यादि गहरे विषाद में डूब गये थे।

श्रीराम ने इन निशाचरों से कुपित होकर अपने धनुष को इतना खींचा की वह गोलाकार दिखायी देने लगा।

उन्होंने बाण छोड़े। बाण छोड़ते ही शत्रुओं की सेना थर्रा गयी थी। बाण के आकाश में पहुँचते ही सोने के साज-बाज एवं कवच से सजे और रथों में जुते हाथियों, घोड़ों तथा राम ने पैदल सैनिकों को छिन्न-भिन्न कर डाला।

उधर कई राक्षसों ने वृक्षों की वर्षा करनी शुरू कर दी। पत्थर गिरने लगे... एक भयंकर महासंग्राम शुरू हो गया।

ऐसी वहाँ की दशा देखकर राक्षस बिल्कुल भयभीत हो गये है और युद्ध क्षेत्र से भागने लगे।

रणभूमि में मारे गये राक्षसों को धराशाही हुआ देख समस्त प्राणियों ने साधु-साधु कहकर श्रीराम की खूब प्रशंसा की। इस युद्ध के बाद ही खर अभी भागा नहीं ।

खर तेजी से श्रीराम की ओर लपका ही था कि त्रिसरा ने उसे जोर से अपनी ओर खींचा। राक्षसराज! मैं आपको वचन देता हूँ कि मैं श्रीराम का वध करूँगा। राम के हाथों मरने का लोभ वह सवाल नहीं कर पाया और राक्षसराज खर को वापस कर दिया। दोनों एक दूसरे पर टूट पड़े।

श्रीराम ने त्रिसरा की छाती पर चौदह बाण मारे जो सर्प के समान भयंकर था। उसके बाद झुकी गाँठ वाले बाणों से उसके चारों घोड़ों को गिराया।

वह रथ से कूदने लगा। श्रीराम ने निशाचर की छाती छेद डाली। वह फिर जड़न्त हो गया।

तभी खर अपने क्रोध को रोक नहीं पाया और जोर से चिल्लाया।

राम! तुमने चौदह हजार राक्षसों का वध किया है। अतः आज मैं तुम्हारा विनाश करके अपने को सन्तुष्ट करूँगा।

ऐसा कहकर उसने अपनी गदा वज्र के समान घुमाकर श्रीराम के ऊपर चलाया।

खर के हाथों से छूटी हुयी यह तीव्रमान विशाल गदा लताओं को भ्रम करती हुयी श्रीराम के समीप जा गिरी। राम ने एक ही बाण में उसके कई टुकड़े कर डाले। वह गदा चूर-चूर होकर पृथ्वी पर आ गिरी। राम मुस्कुराने लगे। राक्षस धम...! यही तेज समान बल है जिसे तुमने इस युद्ध में कर दिखाया। अब तो यह सिद्ध हो गया है कि तुम बिल्कुल निःसक्त हो। खर और क्रोधित हो गया। उसने सामने का पेड़ उखाड़कर श्रीराम पर गिराया तभी उसी पेड़ को श्रीराम ने पकड़ लिया और अन्ततः श्रीराम ने प्रत्यंचा चढ़ायी और वह तीर खर की छाती जा लगा।

उसी समय देवता और गन्धर्व हर्ष से भरकर दुदंभि बजाते हुये फूलों की वर्षा करने लगे। ऋषि मुनियों का भी आवागमन हो गया। सभी आश्वस्त हो गये कि अब वह दण्डक सुरक्षित हो गया है। अव उसमें कोई भी अनुष्ठान पूर्ण हो सकेगा।

इधर मैं और लक्ष्मण भी कन्दरा से निकलकर प्रसन्नतापूर्वक चले गये।

महात्मा भूरि-भूरि प्रशंसा कर रहे थे। वहीं मैं श्रीराम के चेहरे पर एक बड़ी आभा देखने लगी। उनका मुख प्रसन्नता से खिल गया।

आज आकाश में बादल थे, हम तीनों बाहर वृक्ष की जड़ों पर बैठे

थे, कुछ कच्चे फल पेड़ से तोड़ लाये थे जो खा रहे थे ।

तभी हमारी पर्णकुटी से दूर ही एक सोने का मृग इधर ही कूदता आता दिखाई दिया जो घायल था, सामने आ खड़ा हुआ । मैं राम को लेकर पर्णकुटी के आगे को आयी ।

अरे राम! ये तो स्वर्ण मृग है पर घायल है, इसका उपचार जरूरी है।

तब लक्ष्मण भी आ गये ।

नहीं भैया ! स्वर्ण मृग ! मुझे यकीन नहीं होता, क्या पता ? प्रकृति के यहाँ हो सकता है ।

राम ! उसकी चोट से द्रवित होने लगे ।

मृग फिर कहीं चला गया, मैं बार-बार स्वर्ण मृग को याद करने लगी।

सूर्य की रोशनी अडिग थी, तभी उसी में स्वर्ण मृग फिर चमका ।

राम ! देखो न उसे, घायल है बेचारा ।

राग द्रवित हो गये उसके पीछे दौड़ चले जाने से पहले लक्ष्मण को मेरी सुरक्षा का दायित्व सौंप गये ।

कुछ देर तक सन्नाटा रहा, मैं अन्दर आ गयी, खाने की तैयारी करने लगी तभी राम की आवाज सुनाई दी ।

लक्ष्मण ! लक्ष्मण !

सीते ! सीते !

मैं दौड़कर बाहर आयी लक्ष्मण पर्णकुटी के बाहर सचेत मुद्रा में खड़े थे ।

मैं रोने लगी 'देखो लक्ष्मण ! तुम्हारे भैया आवाज दे रहे हैं, तुम जाओ उन्हें तुम्हारी सहायता की जरूरत है ।'

लक्ष्मण धीरे कदमों से मेरे करीब आये 'नहीं भाभी ! भैया को कुछ नहीं हो सकता, आप परेशान न हों ।'

मैं लक्ष्मण के दृढ़ता को पढ़ रही थी, लक्ष्मण तनिक भी उद्विग्न नहीं थे ।

'जाओ लक्ष्मण !'

'नहीं भाभी ! मैंने भैया को वचन दिया है उन्हें कुछ नहीं होगा।'

मैं बाहर ही टहलने लगी कुछ पल बीतें कि मुझसे रहा नहीं गया, मैंने एक वाण अपनी गर्दन पर लगा लिया 'लक्ष्मण तुम जाओं नहीं तो मैं अपने आप को मार लूँगी ।'

लक्ष्मण रोने लगे, मुझे समझाने का बहुत प्रयास करते रहे ।

अन्ततः अपने वाण से पर्णकुटी के प्रवेश द्वार पर एक रेखा खींच दी 'भाभी ! इस रेखा से निकलिएगा नहीं चाहे कितनी परेशानी आये' लक्ष्मण रोते दौड़ते निकल गये ।

अभी, लक्ष्मण को मैं ओझल होते देख ही रही थी कि एक संन्यासी भिक्षापात्र लेकर सामने दिखा ।

'भिक्षांदेहि !'

मैंने हाथ जोड़कर प्रणाम किया स्वयं ही कुछ कन्द मूल पत्ते पर रख देने को बढ़ाया ।

'मैं संन्यासी हूँ, गृहस्त आश्रम में पैर नहीं रख सकता । मुझे आगे आकर भिक्षा दो ।'

मैं आगे बढ़कर कन्द मूल उसके पात्र में गिराती कि वह मुझे हाथ पकड़ कर खींच ले गया ।

मैं 'राम..... लक्ष्मण.... चिल्लाती रही ।' पेड़-पौधों, जंगल के तमाम पक्षियों को बुलाती रही पर....

मैं एक विमान पर ले आई गयी, विमान तेजी से दक्षिण दिशा की ओर उड़ता गया ।

मैं अपने आभूषण गिराने लगी । इसी लालच में कि राम को यह मिले तो उन्हें मेरी दिशा पता चल जाये ।

मुझे यह अफसोस कचोटता ही रहा कि लक्ष्मण की रेखा का मान मैंने नहीं रखा ।

काली लंका

सुबह होने को थी, सूरज अभी लालिमा लिये हुए आकाश में दिखाई भर दे रहा कि विमान समुद्र के तट पर जा उतरा ।

वहाँ पूरा असुरों का साम्राज्य 'लंकापति की जय' की उद्‌घोषणा कर रहा था ।

तभी दक्षिण की ओर से नाचती एक स्त्री आ रही थी एवं तेज-तेज चिल्ला रही थी 'लंकापति की जय...'

जब मेरे करीब आई तो मैंने पहचाना अरे ये तो वही राक्षसी है सूर्पणखा ! मैं घबराई फिर समझ आया कि ये तो प्रतिशोध का कृत्य है ।

रावण तेजी से आगे बढ़ता जा रहा था, मैं राक्षसियों के हाथों खींची जा रही थी ।

मुझे एक अशोक के पेड़ के नीचे जगह मिली, पूरा वन अशोक के पेड़ों का ही था, कुछ फूल, लताएं यदा-कदा दिख रही थीं, इसी से यह अशोक वन कहलाता था ।

मैं सुबह से ही राक्षसियों के बीच में बैठी रही, शाम होते ही रावण आया, सबको वहाँ से हटने का आदेश दिया, त्रिजटा को मेरी सुरक्षा में रखा गया ।

तीन दिन हो गये मैंने न पानी पीया और न कुछ खाया, सभी में यह कौतूहल था पर मैंने कुछ न खाने की ठान ली थी ।

दिन के उजाले में एक भारी पैर की आहट सुनाई दे रही थी पर मैंने पलटकर नहीं देखा, वह सामने आ गया 'मैं मेघनाथ हूँ, आप कुछ खा

क्यों नहीं रहीं ? क्षत्रिय कुल की स्त्रियाँ तो धनुष विद्या भी जानती हैं उन्हें तो रण कौशल की शिक्षा भी दी जाती है आप क्यों नहीं अपनी रक्षा कर रहीं? मजबूर बने रहना शोभा नहीं दे रहा ।'

मैं विस्मय से सोचती रही यह पिता के कृत्यों का विरोध है या कुछ और..... पर मैं बिल्कुल चुप रही ।

उसके जाते ही एक सुन्दर सी स्त्री मेरे सामने आ खड़ी हुई 'मैं सुलोचना, पुत्रवधू हूँ लंकापति की ।'

इस बंदी स्थान से मैं आपको निकालना चाह रही हूँ ।

मैं सकते में आ गयी ।

आखिर लंकापति का परिवार मेरे लिए परेशान क्यों है ?

'मुझे मेरे श्रीराम ही ले जायेंगे, आप परेशान न हों' मैंने बड़ी दृढ़ता से बात कही ।

वह पैर पटकते चली गयी ।

शाम हो आई, मैं सिर नीचे किये आर्त स्वर में श्रीराम को पुकार रही थी, तभी किसी ने पुकारा ! मैंने सिर उठाकर देखा तो एक लम्बा सुदर्शन पुरुष सामने आ खड़ा हुआ। पुरुष ने आवाज लगायी देवी ये लो पायस (खीर) है। इसे खा लो बरसों भूख नहीं लगेगी।

आप कौन?

मैं देवराज इन्द्र।

मैं कैसे पहचानूँ। आप बुरा न माने, हो न हो कुछ विश्वास भी नहीं हो पाता। राक्षसों के बीच इतनी कुप्रवृत्तियाँ फैली हैं। बदलते हुए भेष में कौन हो बड़ा डर लगता है। मैंने सहमे हुए कहा ।

देवराज इन्द्र सहमत हुए। देखिए ! अपनी अन्तर आँखों से ।

मैंने श्रीराम का ध्यान किया। देखा तो देवराज इन्द्र शचि के साथ खड़े हैं। शचि के हाथों में चांदी के बर्तन में खीर थी।

हाँ देवी ये आपके लिए है। लीजिए, लीजिए इसे खा लीजिए।

मैंने लिया और वहीं बैठ कर खाया। दोनों अन्तर्ध्यान हो गये। वहाँ कुछ भी नहीं रह गया। मेरे चेहरे पर एक ताजगी सी आ गयी। त्रिजटा का लाया हुआ खाना जिसमें फलों के गुच्छे तथा फलों के जूस ऐसे ही एक किनारे पड़े रहे। मैं बिल्कुल आश्वस्त हो गयी। अब मैं यहाँ का पानी भी ग्रहण करने से बच गयी थी। राक्षसों तथा स्त्री राक्षस की प्रवृत्तियाँ इतनी घिनौनी थी कि उनके साथ बैठा भी नहीं जाता था। पसीने की बदबू, सांसों की दुर्गन्ध तथा चौड़े-चौड़े काले होंठ समझ में नहीं आता कि मनुष्य की इस प्रजाति को ब्रह्मा का इतना शाप क्यों। धीरे-धीरे यहाँ की भाषा का ज्ञान होने लगा। इनकी कुछ बातें समझ में आने लगी। त्रिजटा का स्वर संवेदना से प्रभावी था। उसके भाषा में थोड़ी सी मिठास और अपनापन था।

आठ दिन बीत गये। आज सुबह ही रावण के आने की सूचना त्रिजटा ने दी। सारे प्रहरी सजग हो गये। सूखे गिरे पत्ते रास्ते से साफ कर दिये गये। अभी सुबह का सूरज सिर पर आया ही था कि लंकाधिपति रावण की जय... जयघोष सुनायी देने लगा। मैं सिर नीचे किए हुए उन्हीं सूखे पत्तों से श्रीराम लिख रही थी। तब तक विशालकाय लंकाधिपति मेरे सामने आ खड़ा हुआ। सामने तृष को हाथ में उठाकर मैं जमीन देखने लगी।

तुमने अभी तक कुछ नहीं खाया। क्यों भूखी रह रही हो? तुम मेरी आज्ञा, याचना, निवेदन जो कहो मैं करूँगा। मेरी रानी बन जाओ। सुखों को गिन नहीं पाओगी। तभी उनके साथ दो अस्त्रधारी उसके पीछे खड़े हो गये। रावण चिल्लाया। मैं स्तब्ध थी पर श्रीराम पर मेरा अटूट विश्वास मुझे अडिग कर रहा था। मेरा मौन रहना उन सबको खल रहा था। उस भिखारी से तुम्हें क्या मिलेगा। उसका राज्य तक तो सौतेली माँ ने दिया नहीं। जंगलों में घूमता हुआ वह वनवासी पर्णकूटी में रहता है। कन्दमूल खाता वो तुम्हें क्या देगा।

मेरी आँखों से जलधारा गिरने लगी रावण चिल्लाया मैं चाहूँ तो बलात रानी बना सकता हूँ पर मैं ऐसा नहीं करूँगा, तुम हाँ कह दो नहीं तो युद्ध में कितने बन्दर, भालू मरेंगे और राम लखन.... अयोध्या सूनी हो जायेगी, रघुवंश पर कालिख पुत जायेगी।

नहीं मेरे श्रीराम ऐसा कुछ नहीं होने देंगे, उनकी विजय निश्चित है। तुम अपने मुख को कालिख में देखो, रावण पैर पटकता अपने अस्त्रधारियों के साथ चला गया। जाते-जाते त्रिजटा को आदेश दे गया सीता को भोजन कराओ।

जी....! त्रिजटा काँपते हुए बोली उसके जाने के बाद वहाँ तैनात अस्त्रधारियों की जान में जान आयी। सब एक साथ आ गये।

सीते तुम क्यों नहीं मान लेती उसकी बात कितना विनाश होगा, युद्ध होगा। जीत हार किसी की भी हो फिर भी विनाश तो होगा ही रावण को आज तक कोई हरा नहीं पाया तुम विचार कर लो इसकी जहाँ निगाह लगी उसे तो वह पा लेगा ही देवताओं को परास्त कर यह इसने उनके लोक पा लिये कितनी अप्सराओं को जीता है। मेरी आँखें उन्हें घूरने लगी तुम हमें कुछ सुनाओ मत जाकर अपना काम करो। सब अपने-अपने स्थान पर चले गये।

श्रीराम...राम... यह क्या हो रहा है। मैं रोने लगी। श्रीराम... मैं नहीं रह सकती आपके बिना मुझे शरण दें।

न जाने कब झपकी आ गयी स्वप्न देखा।

श्रीराम की बड़ी-बड़ी आँखें नम थी। पेड़ की जड़ पर बैठे-बैठे रो रहे थे। मेरी आँख खुली चारों ओर सन्नाटा था। मैं वेबस अपने को महसूस कर रही थी। माता-पिता की बात न मान लेने के कारण ही सब हो रहा है। मैं ही इसकी जिम्मेदार हूँ। मैं रोती रही। रावण वापस चला गया। त्रिजटा के साथ कई स्त्रियाँ मुझे समझाने में लग गयी। तब मेरा मन खीझ गया।

और मैं चिल्ला पड़ी।

बस मुझे और कुछ नहीं सुनना आज के वाद मुझसे वात करने की कोई जरूरत नहीं है। मैं तुम्हारी सलाह नहीं मांग रही हूँ। अपना-अपना काम करो बस।

सब मौन हो गयी और मुझसे दूर अपनी तैनाती पर लग गयी। समय वीतता गया। अब मुझे लगने लगा कि अपने विचारों से अलग-अलग विचारों के लोगों के साथ रहने से अच्छा है अकेले रहना। मैं कितनी स्वतंत्र हो गयी कि अब मुझे उनकी अनर्गल बातें नहीं सुननी होती। न उनके बारे में सोचना होता। बस मैं श्रीराम की स्मृतियों के बीच जीने लगी। सुबह जल्दी उठ जाती और वाटिका के दूसरी छोर मैं लगी लताओं से फूल ले आती और श्रीराम को अर्पित करती। उनके नाम को फूलों से लिखती, याद करती।

जीवन जीना जानता है। सुख में भी दुःख में भी। अपने लिए रास्ते खोज ही लेता है। मैंने भी रास्ता खोज लिया है। श्रीराम के नाम को आधार बनाकर ही मैं जीवन जीने लगी।

बचे समय में फूल पत्तों के साथ त्रिजटा से कुछ कह सुन लेती। दुःख के साथ दिन तो बीत जाता। रात्रि के लिए श्रीराम की स्मृतियाँ साथ होती।

सूरज का उगना और ढलना ही बस याद रहा। दिन कितने बीत गये कुछ पता नहीं। पूरा दिन लगता था कि समय ने अपनी गति धीमी कर ली है।

उस रोज रावण आया। तो उसने श्रीराम को बहुत वुरा भला कहा। मैं दाँत भींचे चुप रही। उस दिन से मुझे भय सताने लगा। मेरी पूजा का समय और बढ़ गया। अब मैं त्रिजटा को भी अपना समय नहीं बाँटती। उसको देखते ही मेरी आँखें रास्ता मोड़ लेती। मैं अपने को फूल पत्तों में व्यस्त कर लेती। वह मुझे देखते ही अपनी तैनाती पर निकल पड़ती। मेरा

मौन होना उन्हें खल रहा था। पर क्या करें। मैं भी क्या करूँ। रोने के सिवाय मैं कुछ कर ही नहीं पा रही थी। एक भय और विश्वास के बीच जी रही थी। उस दिन सुवह उठी और फूल लेने उस ओर बढ़ी तो बहुत सुन्दर-सुन्दर फूल दिखे। मन प्रसन्न हुआ। खूब सारे फूल आंचल में लेकर आ रही थी। कि उगते सूरज का दर्शन हुआ। प्रणाम किया आज मन बहुत प्रसन्न था। एक हल्कापन था।

मैं खुद में मग्न थी। फूल आंचल में ही गिन रही थी कि त्रिजटा मेरे पास आ गयी। सीते! सुन मैंने तो एक बड़ा भयानक सपना देखा है। उसकी आँख से आँसू गिरने लगे। क्या? मैं उसके साथ हो ली।

सुबह का समय था और न जाने कहाँ से पूरी लंका में आग लग जा रही है। पूरी लंका धू-धू करके जल रही है। लंकाधिपति रावण गधों के रथ पर बाल मुड़ाये दौड़ा आ रहा है फिर नीचे गिर गया।

उसके बाद मेरी नींद खुल गयी। मेरा हृदय जोर-जोर से धड़कने लगा। मैं रोने लगी। सीते! तुम चाहो तो बचा सकती हो। यहाँ के सभी राक्षस ऐसे नहीं हैं। रावण के पाप का फल क्या सबको भोगना होगा। इतनी सुन्दर लंका है। इसको विनाश होने से बचा ले बेटी।

पर त्रिजटा तुम तो जानती ही हो कि राजा का पाप कर्म प्रजा को ही भुगतना पड़ता है। सब राक्षस क्यों इसके पापों का विरोध नहीं करते। मैं बोल पड़ी।

अरे! कैसे? यह किसी की नहीं सुनता। रानी (मन्दोदरी) की तो सुनता नहीं तो प्रजा क्या करेगी।

मैं बिल्कुल मौन रही। सीते! राम आयेंगे लेने। वे तुझे जरूर ले जायेंगे। मैंने सपने में राम से मिलते तुम्हें देखा है।

मैं खुश हो गयी। त्रिजटा ईश्वर करे तुम्हारा सपना सच हो।

पर मन ने तो अपना नृत्य शुरू कर दिया। एक विश्वास ने तो मुझे

थपकी दे दी।

पर यह सब कब तक? यह एक बड़ा प्रसन्न था जो मुझे मथ रहा था। मेरी आँखें भर आयी और मैंने रोना शुरू कर दिया। तभी रावण के आने की सूचना मिली। आज रावण बहुत अधिक क्रोध में था। उसकी चाल में भी बहुत अधिक तेजी थी।

मेरे सामने आकर खड़ा हुआ। उसके साथ कई अस्त्रधारी राक्षस खड़े थे। राक्षसियाँ दौड़ कर आ गयी।

वह बताने लगा। इसे समझाओ। मैं कुछ ही दिनों में उस वनवासी राम को मार डालूँगा। तुम रोना बन्द करो।

कुछ दिन बाद तुम मेरे साथ राजमहल में रहोगी, सुधर जाओ। उस वनवासी के लिए रोना बन्द करो।

रावण पैर पटकता वापस लौट गया। उसके जाने के बाद एक भयानक सन्नाटा पसर गया। वहाँ तैनात राक्षसियाँ उधर एकजुट होकर बातें करने लगी।

शाम हो गयी। मेरा मन शान्त हो गया। मैं आज अपने द्वारा लाये हुये फूलों से श्रीराम लिखने लगी। राक्षसियाँ सब न जाने कहाँ चली गयी। कहीं दिखायी नहीं दे रही थी। तभी एक अंगूठी उस पेड़ से मेरे सामने गिरी।

देखा तो सीताराम!

यह तो श्रीराम की अंगूठी थी । यहाँ कैसे ? मन में तो अनेक सवाल उठे। ऊपर देखा तो एक बन्दर शान्त बैठा मुझे देख रहा था। मेरे हाथ में अंगूठी लेते ही नीचे आ गया। देवी! आप कौन हैं? इस साध्वी वेष में इस पेड़ के नीचे क्यों? जैसे मेरे अन्दर का बाँध टूट गया। मैं दशरथ पुत्रवधू, श्रीराम की भार्या रोते-रोते मैंने पूरी कथा सुना दी। जैसे लगा मेरे दुःख पर किसी ने हाथ रख दिया हो। आज तो रावण ने मेरी दो महीने की अवधि भी निश्चित कर दी है। उन दो महीनों बाद मुझे अपने प्राण का त्याग

करना पड़ेगा। पर मैं मरने से नहीं डरती। बस! श्रीराम को मेरी वजह से कलंक न लगे। मैं सुबकने लगी।

तभी मुझे ध्यान आया। कहीं यह कोई वेष बदलकर राक्षस तो नहीं आ गया। मैं बिल्कुल बुरी तरह घबरा गयी।

आप कौन है वानर राज। मैं तो पूछना ही भूल गयी। मेरी आवाज भय से काँपने लगी थी।

देवी! डरिये नहीं। मैं श्रीराम का दूत हनुमान हूँ। श्रीराम लक्ष्मण सहित सकुशल है। आप का कुशल समाचार पूछा है। यह अंगूठी श्रीराम की है। इसी को पहचान बनाकर ले आया।

पर यहाँ तो किसी का आना बड़ा ही दुष्कर है। कैसे आना हो पाया।

देवी! जहाँ श्रीराम का काम वहाँ कौन रोक सकता है। हनुमान का चेहरा खुशी से लाल हो गया। हनुमान का आत्मविश्वास ऐसा था कि कहीं कोई संशय की जगह नहीं थी।

हनुमान ने अपना रूप दिखाया विशालकाय शरीर, लम्बी पूँछ पूर्ण रूप से बाहुबली हनुमान उन्हें देखकर पराजय का भय तो दूर हो गया।

तत्पश्चात् हनुमान लघु रूप में आ गये। देवी! आपको यूँ देखकर हमें बहुत कष्ट हो रहा है। आप चाहे तो मेरी पीठ पर बैठ जायें। मैं यहाँ से सुरक्षित ले चलूँगा। मेरे चेहरे पर कुछ संदेह की लकीरें खिंच आयी। मैं आपका पुत्र हूँ। संकोच बिल्कुल न करें। मेरे चेहरे के भाव को हनुमान पढ़ गये। मैं अपनी छोटी सोच पर शर्म से लाल हो गयी। नहीं बेटे! तुम्हारे साथ चलने का अर्थ होगा कि राम की प्रतिष्ठा पर प्रश्नचिन्ह लगाना। नहीं मैं ऐसा कुछ नहीं करूँगी। तुम श्रीराम से जाकर कहना कि मैं उनकी प्रतीक्षा कर रही हूँ।

माँ श्रीराम भी आपको बहुत याद करते है। उनके कमलनयन हमेशा

आंसुओं से भीगे रहते हैं। मेरी आंखें भी नम हो गयी। हनुमान ने बात बदल दी। माँ! मुझे बहुत भूख लायी है। यहाँ के फलों को देखकर मेरी भूख और भी बढ़ गयी। यदि आपकी आज्ञा हो तो अपनी क्षुधा शांत कर लूं। हाँ! पर देखना यहाँ के राक्षस तुम्हें पकड़ न लें।

नहीं, नहीं ऐसा कुछ भी नहीं होगा। हनुमान फलों की ओर बढ़ गये। मैं श्रीराम की अंगूठी को लेकर खुश होने लगी। मेरे अन्दर एक तूफान चलने लगा। ऐसा सेवक जिसके साथ हो। श्रीराम और लक्ष्मण के सामने देवता भी नहीं टिक सकते। तो ऐसे राक्षसों से डर कैसा ?

मैं रोती रही। तभी कुछ देर में हनुमान जाने के लिए आज्ञा लेने आ पहुँचे। माँ मुझे आज्ञा दें अब मैं चलूँगा और श्रीराम को आपके यहाँ सकुशल रहने की सूचना दूँगा।

हनुमान श्रीराम से कहना महीने भर के अन्दर अगर वो नहीं आये तो मैं अपने प्राण त्याग दूँगी। मैं खुद को रोक नहीं पायी। दो सिंह पुरुष श्रीराम और लक्ष्मण वायु और अग्नि की तरह तेजस्वी है। फिर मेरी उपेक्षा क्यों कर रहे हैं ? मुझसे ही कोई गलती हुयी होगी।

नहीं देवी! ऐसा नहीं है। वो भी दिन रात आपकी सकुशलता की कामना करते है। अब आप यहाँ है तो जल्दी ही यहाँ से बाहर होगी। मैं श्रीराम को यह शुभ समाचार सुनाता हूँ पर मुझे कोई पहचान दीजिये ताकि प्रभु को यह सुनिश्चित हो सके कि आपसे मिलकर आया हूँ जैसे की श्रीराम ने दिया था। मैंने चूड़ामणि उतार कर हनुमान को दे दिया। वे वहाँ से उड़ गये। जैसे मेरे सपनों को भी पंख लग गये। हनुमान का मिलना चूड़ामणि देना बस श्रीराम, लक्ष्मण सामने दिखने लगे।

लंका उतनी ही बेचैन हो गयी। राक्षसियों के द्वारा कयास गढ़े जाने लगे। एक बन्दर आया पूरी लंका तहस-नहस कर गया। क्या होगा जब श्रीराम आयेंगे।

त्रिजटा का मुख खुला का खुला रह गया। सीते! मैंने कहा था श्रीराम आयेंगे और लंका पर विजय प्राप्त कर तुझे ले जायेंगे। त्रिजटा रोने लगी। उसकी सखियाँ भी रो रही थी। मैं बिल्कुल चुप थी। समुद्र की लहरें और भी चिघाड़ने लगी।

यहाँ लंका में भय व्याप्त होने लगा। विभीषण का रावण को समझाना अंगद का दूत बनकर आना। हनुमान का लंका को अग्नि से जला देने की कोशिश...। एक अजीब सा वातावरण हो गया था। सबके चेहरे पर द्वैतयता दिखने लगी। लक्ष्मी रूठने लगी। महलों की दीवारें गिरने लगी। शियार और कुत्तों का रात में रोना शुरू हो गया । उल्लू बोलने लगे।

रात हो आयी। आज त्रिजटा कुछ ज्यादा ही डरी हुयी थी।

सीते! आज इतना भयानक क्यों लग रहा है। सुनो उल्लुओं की आवाज कितनी कर्कश फिर यह शियार और कुत्तों में इतना डर क्यो? मुझे तो सब कुछ करीब से दिख रहा है। लंका समूची लाशों से पट जायेगी। एक राजा का दुष्कर्म कृत्य हम सब को ले डूबेगा। हमारा समस्त वंश समाप्त हो जायेगा। त्रिजटा जोर-जोर से रोने लगी।

आज आठ माह बीत गये। मैं आठ माह से श्रीराम के दर्शन के बिना हूँ। बस उनको देखने के लिए आज प्रतिक्षारत हूँ। श्रीराम जल्दी आइये....। आइये राम!

वीर हनुमान ने कहा बस मैं पहुँचा वो लोग यहाँ आ जायेंगे। त्रिजटा आज कुछ ज्यादा ही आसपास घूम रही थी। उसकी सखियाँ उदास थी। क्या हुआ त्रिजटा आज कुछ ज्यादा परेशान दिख रही हो।

हाँ सीते! आज तो रानी को इतना रोते सुना कि मन खराब हो गया।

रानी! हाँ, हाँ रानी मन्दोदरी लंकाधिपति से प्रार्थना करती कि पूरी प्रजा की एवं अपने बच्चों की सौगन्ध देती रही। पर राजा कुछ नहीं सुनते

और एक लात मन्दोदरी को मार महल से बाहर निकल गये।

सीते! क्या तुम्हारे समाज में भी स्त्री की इतनी ही अवहेलना है।

नहीं त्रिजटा मेरे यहाँ तो रानियों का दर्जा सबसे ऊपर है। मेरे समाज में स्त्री की मर्यादा बहुत है। स्त्री पर कोई हाथ नहीं उठा सकता। जो उठा दे वह नरकगामी होता है। समाज में उसे कोई सम्मान की दृष्टि से नहीं देखता।

त्रिजटा की आँखें भर आयी। कैसा होगा वो समाज जहाँ स्त्री का इतना मान सम्मान हो। हमने तो यहाँ यही जाना स्त्री एक वस्तु है। आज उसकी तो कल किसी और ने छीन लिया। तीसरे दिन उसे घर से बाहर।

स्त्री चाहे राजा की हो या रंक की उसमें कोई फर्क नहीं पड़ता। लंकाधिपति भी अपनी रानियों से वही व्यवहार करते हैं जो हमारे पतियों द्वारा होता है। इतना वैभवशाली राजा अपनी अद्वितीय सुन्दरी पत्नी से इतर भी रिश्ते बनाता/सोचता...। तुम्हें भी यहाँ ले आया। वह कहते-कहते रुक गयी। वह मेरी आँखों में देखने लगी। जैसे लगा कि उसने अनजाने में कोई गलती कर दी हो।

नहीं मेरे कहने का मतलब है कि इतना विद्वान इतना बड़ा शिव का भक्त देवताओं पर विजय प्राप्त कर लिया। स्वर्ग का सिंहासन जीत लाये। पर काम पर विजय नहीं पा सके। तुम्हारे यहाँ आ जाने से पूरी लंका भयग्रस्त है।

अब तो विनाश नजदीक आ गया। सब अपने-अपने अधिकार क्षेत्रों से समझा रहे हैं। पर नहीं तो नहीं। अपने एक दिन में लंका की लाखों की आबादी खत्म हो जायेगी। त्रिजटा रोने लगी। क्यों सीते! इसमें यहाँ रह रहे लोगों का क्या दोष है। जो इसके साथ मारे जायेंगे। सभी तो अपने-अपने कर्म का ही खाते हैं न। तो फिर ऐसा क्यों करते?

मैं नियति के आगे नतमस्तक हो गयी थी। माँ कैकेयी का वरदान

चित्त में था। राम को वन और साथ में मैं आयी और आज भी राम लक्ष्मण की परेशानी का कारण बनी।

विवाह के बाद तेरह वर्ष श्रीराम के साथ रही। हर पल रिश्तों के बीच जिया और आज ऐसे जंगल से निकलकर अशोक वाटिका में आ गयी।

किसी ने कभी मुझसे तेज आवाज में बात नहीं किया न माँ-बाप, न ही सास-ससुर, न राम तथा भाइयों ने और यहाँ रावण द्वारा इतना सुनना उसका धमकाना... यह सब अपनी नियति है। जन्म जन्मांतर के संचित पाप-पुण्य को जीना होता है। त्रिजटा मौन सुनती रही और रोती रही।

थोड़ी देर बाद अन्धेरा गहरा गया। वह अपने स्थान पर चली गयी।

मैं अशोक के पेड़ के नीचे पत्तों को बिछा कर सोने लगी। पर नींद कहाँ। हनुमान को गये आठ दिन हो गये। कहीं से कोई अन्देशा नहीं दिख रहा। रात के अन्धेरे में अपने अन्दर का प्रेम भय का रूप ले लेता। फिर नींद कहाँ। सुबह उठी तो देखा आज गहमा-गहमी ज्यादा दिख रही थी। तमाम राक्षसों की घेरेबन्दी दिखने लगी। पर कहीं कोई खबर नहीं मिली।

सूरज सिर चढ़ आया। अब आज कुछ सूरज की किरणें ठण्डी लग रही थी ।

रावण के रोज तेवर बदल रहे थे बौखलाहट में वह था ।

सूर्यास्त हो चला था, एक थाल में लाल वस्त्र से ढका कृत्रिम राम का सिर सामने आया, साथ कई राक्षसियाँ तथा रावण खड़ा था ।

'लो यही है न तुम्हारा राम !'

मैंने देखा तो मैं सकते में आ गयी पर मुझे श्री राम दिखने लगे मैं ज़ोर से चिल्लाई ।

'इतना साहस तुझमें नहीं है रावण ! राम के सिर का खिलौना बनाकर खुद को सांत्वना दे लो पर वास्तविक स्वरूप कुछ और होगा ।

'बस !' रावण ने तेजी से पैर पटका, मेरा क्रोध अग्नि में बदल गया

था, उसके आगे आग की ज्वाला जलने लगी, वह पीछे लौट गया ।

बन्दर, भालू ने लम्बा पुल बना दिया और एक महीने के संघर्ष के बाद राम, लक्ष्मण लंका के समुद्र तट पर आ गये, यह घोषणा हुई ।

मंदोदरी बार-बार रोती रही, कैकसी की आँख के आँसू सूख चुके थे अपनी आँखों के सामने अपने कुल की मृत्यु देखेगी, यही दृश्य अब उन्हें सोने नहीं दे रहा है ।

लंका तट से युद्ध की घोषणा हुई, रावण की महत्वाकांक्षा यह रूप ले लेगी वहाँ किसी ने सोचा न था ।

इन्द्रजीत मारा गया, कुम्भकर्ण मारा गया..... अन्ततः रावण भी मारा गया ।

एक माह के युद्ध के बाद लंका पर विजय मिली, असुरों से पृथ्वी को मुक्त करा दिया गया, विभीषण को राजा बनाकर लंका सौप दी गई ।

युद्ध ! किसी भी तरह का युद्ध हो भुगतान करती हैं स्त्रियाँ, बच्चे। मंदोदरी, कैकसी, सुलोचना, शूर्पणखा, त्रिजटा जैसी स्त्रियों ने अपने सब कुछ खो दिये, विरोध करके भी पाप की भागी बनती ।

मंदोदरी रोती रही, उसके रोने से लंका काली पड़ गयी थी समुंद्र की लहरें स्थिर हो गयीं थीं, समुद्र का पानी काला हो गया था, सारा तट का रेत लाल हो गया था ।

लंका में स्त्रियाँ बिलख रही थीं ।

युद्धक्षेत्र से भी भयावह लंका हो गयी थी, सारी विधवायें स्त्रियाँ, मंदोदरी, सुलोचना तेज चिल्ला रही थीं, अपने सतीत्व के बल पर अग्निदाह की ओर बढ़ रही थीं, तमाम विधवायें चिल्ला रही थीं, पूरी लंका ही मरघट हो गयी थी ।

मंदोदरी प्रलाप कर रही थी कि इतना समझाया कि आपसे पूरे राज्य की जनता इस युद्ध में विचलित होगी और मरेगी भी, क्यों अपने

कुकृत्यों का फल जनता को दे रहे हो ? इतना पाप कहाँ जायेगा स्वामी ! सुनो ना, मेरी प्रार्थना है राम से क्षमा माँग लीजिए और सीता को लौटा दीजिए ।

मंदोदरी चिल्ला रही थी, उससे पीछे विधवायें चिल्ला रही थीं ।

दोपहर का समय हो गया, विभीषण के साथ हनुमान इधर आते दिखे ।

मैं विभीषण द्वारा युद्ध स्थल पर लायी गयी और राम के समक्ष अग्नि परीक्षा देनी पड़ी, वहीं मुझे पृथ्वी में समा जाना चाहिए था पर राम के साथ जीने का सुख अधिक प्रबल था और मैं राम के साथ अयोध्या वापस लौट आयी ।

पुनरागमन

भाई भरत के पाँव जमीन पर नहीं पड़ रहे थे चारों ओर अयोध्या को खूब सजाया गया था मातायें द्वार पर आरती लेकर खड़ी थीं बहनें, देवरानियाँ नई पोशाक में सुन्दर दिख रही थीं ।

नन्दी ग्राम से भाई भरत अयोध्या पहुँच गये थे, पूरी अयोध्या में उल्लास का वातावरण था, जैसे लग रहा था कि दुल्हन के रूप में पहली बार आयी हूँ । पुष्पक विमान से उतरते ही माँ सुमित्रा मुझे खींच कर अन्दर ले आयीं पहने पीताम्वर को बदला और नई साड़ी पहनने को दिये, आभूषण पहनाये फिर दरवाजे के बाहर खड़ा किया सबने आरती उतारी, टीके लगाये, मंगलचार गाये फिर मुझे अन्दर आने को कहा गया, राम, लक्ष्मण पीछे-पीछे आये ।

माँ सुमित्रा ने कहा 'राम ! विजय का श्रेय मेरी सीता को ही जाता है, वन का दुःख, लंका का दुःख, सबसे ज्यादा इसी ने सहा है ।

राम मुस्कुराये ! हम तीनों राज महल में आ गये, भरत के चेहरे पर खुशी की झलक साफ दिख रही थी ।

राम, लक्ष्मण, भरत, शत्रुघ्न साथ गले मिले, हम चारों बहने मिली, मातायें राम तथा भाईयों के साथ थीं, रात होने को आयी पूरा अवध दीपकों से जगमगा रहा था मिठाईयाँ बंट रही थी, माँ कैकेयी रसोई में आकर आवाज दी 'महाराज ! बच्चे इतने दिनों बाद आये हैं भोजन में सब उनकी पसन्द का बनाना होगा, रस्म में दालपूड़ी व खीर बनती है सो तो बनानी ही होगी'

अगले दिन राज पुरोहितों, ऋषियों, का आना शुरू हो गया, अयोध्या के नरेश बनाने की बात चलने लगी, राम का अवध के लिए राज्याभिषेक किया जाना तय हुआ, भरत ने चरण पादुकाओं को प्रणाम किया ।

पूरा अवध उल्लास में था, ढोल-नगाड़े बज रहे थे ।

सुबह से ही तैयारी प्रारम्भ हो गयी, आज राज्याभिषेक का दिन है, सप्तनदियों के जल से रघुनन्दन को स्नान कराया जा रहा था उन्होंने नये पिताम्बर वस्त्र पहने, मोतियों की मालायें डालीं, हाथ में स्वर्ण मुद्रिका डाली और राज्याभिषेक के लिए तैयार हो गये। पूरा राजमहल ऋषियों, महात्माओं तथा अवध की प्रजा से भरा हुआ था, मंत्रोच्चार शुरू हुआ, राज्याभिषेक पूरा करते-करते तीसरा पहर हो आया, फिर भोजन का आयोजन था रात हो चली, पूरी प्रजा भोज में आमंत्रित थी, राम राजा बने यह सबके लिए सौभाग्य की घटना थी ।

लक्ष्मण, भरत, शत्रुघ्न को राजा के सहयोगी के रूप में दर्ज किया, राजमातायें अपने अनुशासन से राज्य की अन्तर्व्यवस्था को सम्हाल रही थीं।

ऐसे हैं मेरे राम

मैंने अयोध्या आने के बाद राम की कई कहानियाँ सुनी । माँ कौशल्या दोपहर में हमें राम की कथाएँ बताया करतीं । जब वो दस वर्ष का हुआ तो ऋषि विश्वामित्र आये, उनका आगमन ही हमें अपकारी लगा, उनका स्वागत सत्कार हुआ । राम, लक्ष्मण, भरत, शत्रूघ्न कुछ दिन पहले ही गुरुकुल से लौटे थे । मुनि वशिष्ठ से अभी बातचीत हुई और फिर राजा के पास आये ।

'राजे ! हमारे यहाँ कई अनुसंधान हो रहे हैं पर राक्षसों का आतंक इतना है कि पूरा ही नहीं हो पा रहा है । पूरा वन प्रदेश तथा उसमें ऋषि महात्मा उन राक्षसों से आतंकित हैं, मुझे आपसे कुछ माँगना है ।

'क्या ? सेना भेज दूँ' राजा ने अपने गौरवशाली वाणी से कहा ।

'नहीं ! मैं सेना ले जाकर क्या करुँगा, मुझे तो आपके दोनों पुत्र राम-लक्ष्मण चाहिए वही उन राक्षसों के लिए ठीक होंगे ।'

राजा का मुँह खुला रह गया, ऋषि को देखकर गुस्सा अन्दर ही दबाये ऋषि वशिष्ठ से कहे 'देखिये ! इन्हें बता दें अभी तो वे गुरुकुल से आये ही हैं ।'

विश्वामित्र विनीत भाव में बोले 'राजेश ! आपके कुल की मर्यादा है यह कि यहाँ से कोई खाली नहीं गया और मैं राम-लक्ष्मण को ले जाऊँगा तो उन्हें सुरक्षा भी दूँगा नये अस्त्र प्रयोग भी बताऊँगा ।'

पर दशरथ आश्वस्त नहीं हुए ।

ऋषि वशिष्ठ ने विश्वामित्र के साथ राम-लक्ष्मण को भेजने के लिए

राजा दशरथ को मना लिया, दोनों दस वर्ष की आयु में ही राक्षसों से जूझने लगे ।

माँ की आँख भर आयी, चेहरे पर एक दीप्ति भाव था ।

उसी यात्रा की एक घटना है, गौतम ऋषि की पत्नी अहिल्या पाषाण बन बैठीं । इन्द्र ने छल किया, गौतम ने अहिल्या को देखा तो उन्होंने शाप दे दिया तू पाषाण बन । थोड़ी देर में गौतम को पश्चाताप हुआ कि नहीं ये तो उनसे गलती हो गयी । राजा इन्द्र को शाप दिया और कहा कि तुझे एक रघुवंशी विष्णु का अवतार राम के रूप में आयेगा, जिसके स्पर्श से तुम इस शाप से मुक्त हो जाओगी ।

राम-लक्ष्मण ऋषि के साथ जा रहे कि दूर से पर्णकुटी दिखाई दे रही थी वहाँ डरावना सा लग रहा था बिल्कुल उजाड़ । जिज्ञासावश वे वहाँ गये, कुटिया खुली हुई थी, एक पाषाण स्त्री वहाँ बैठी थी । दो राजकुमारों को कुटिया की ओर आते हुए देखकर गाँव के लोग वहाँ आये, उन्हें इस पाषाण स्त्री की शाप कथा सुनाई, राम ने उन्हें स्पर्श किया, शिला जीवन्त हो गयी । राम ! मेरे राम कहकर उठ खड़ी हुई । पूरा जनसमुदाय श्री राम की जय ! करने लगा ।

एक और कथा हनुमान सुना रहे हम पुष्पक विमान से किष्किंधा के करीब आये । बालि को जब राम ने मारा तो तारा विलाप करने लगीं मुझे भी आप यह सजा दें, मैं अन्याय, अत्याचार... देखती रही पर बेबस थी उसको रोक नहीं पायी । राम ने स्पष्ट किया आपके राज्य, बेटा अंगद को आपकी जरूरत है आप इनकी देखभाल करें, मैं निर्दोष और स्त्री पर बाण नहीं चलाता मुझे क्षमा करें देवी !

राम चुपचाप आगे बढ़ गये, सुग्रीव को राजा बनाया और अंगद को युवराज । पूरी किष्किंधा खुश थी ।

एक कथा अंगद ने सुनाई 'सच ! हमारे राम तो कोई ईश्वरीय तत्व

हैं। रानी मन्दोदरी जब रावण की मृत देह पर विलाप कर रही थीं तो राम इधर की ओर आये 'रानी ! रोयें नहीं, आपके लंकापति को सीधे बैकुन्ठ मिला है, आप विलाप न करें। लंकापति इतना ज्ञानी, शिवभक्त उनका पराक्रम अद्वितीय है, उनको युगों-युगों तक याद किया जायेगा, पूरा रथ संस्कृति को आगे ले जाने में कोई कसर नहीं छोड़ी। आप लंका जायें, वहाँ विलाप कर रही स्त्रियों का संबल बने' और रावण के मृत्यु के समय लक्ष्मण को भेजा 'लक्ष्मण ! इतने ज्ञानी ब्राह्मण से कुछ ज्ञान लो।'

लक्ष्मण ने कथा सुनाई 'भाभी ! जब हम आपको खोजते-खोजते वन के उस छोर गये तो एक बड़ी सुथरी पर्णकुटी दिखी, फूलों से मार्ग बनाया गया, पर्णकुटी को हर तरफ फूल मालाओं से सजाया गया था।'

मन में एक जिज्ञासा जागी हम उधर निकल गये एक स्त्री रोती-रोती दरवाजे के बाहर चली आ रही थी।

'राम ! मेरे राम..... आप आ गये, मैं तो धन्य हो गयी'

हमें बिठाया और बोली मैं वर्षों से आपकी प्रतीक्षा कर रही हूँ, आप आये हम तो धन्य हो गये। पर्णकुटी से बेर लेकर आयी 'मेरे राम थोड़ा आप आहार ग्रहण करें।'

बेर चख-चख कर खिलाती गयी, भईया मगन होकर खाते रहे, मैं तो संकोच करता तभी भईया ने मुझे देखा और मैंने एक बेर मुँह में डाल लिया।

कई छोटी-छोटी चर्चायें हमारे लिए कथा हैं मैं इन्हीं कथाओं से अपने राम को खोजती हूँ, पहचानती हूँ।

मुझे कलंकमुक्त करने के लिए खुद राज करने में अपने को वनवासी की तरह रखा। अपनी सन्तान को ऋषितुल्य आचरण मिले। इसके लिए अपने बच्चों को राज्य की राजनीति, कूटनीति से दूर रखा।

ऐसे अवध में जहाँ मंथरा जैसी स्त्री और रजक धोबी जैसे नागरिक

रहते हों वहाँ के परिवेश में कैसे बालकों का पालन-पोषण होगा ।

ऐसे हैं मेरे राम ! राम मेरे सासों की गति में हैं, हर पल राम... पूरा जीवन राम के साथ, नाग के साथ जीया ।

क्षमाप्रार्थी

पहली बार मुझसे किसी की अवमानना हुई । पिता दशरथ मुझे राम के साथ वन जाने नहीं देना चाहते थे पर मैं बिना राम के रह नहीं सकती इसीलिए मैंने राम का साथ चुना । असुरों का वध तो निश्चित था, यह तो राम का संकल्प था पर मेरे साथ जाने से राम, लक्ष्मण मेरी सुरक्षा के लिए विचरते रहते । कहीं अकेले जाने नहीं देते न अकेले छोड़ते । जब तक हम आश्रमों में रहे ऋषि माताओं के समीप रहे पर जब पंचवटी में आये तो अपनी पर्णकुटी बनाई । इसकी सुरक्षा, देख-रेख अब हमारी जिम्मेंदारी थी। पिता की बात न मानकर राम को भी पीड़ा पहुँचाई । पिता जी हमें माफ कर दें मैं मन ही मन पुकार रही थी ।

पंचवटी में लक्ष्मण को कटु वचन बोल कर जो सजा मैंने पाई... शायद ही किसी को मिली होगी । जब मेरी आँखों से आँसू गिरते थे तो मैं अपने किये का ही भुगत रही, ऐसा सोचती ।

पिता जी से तो मैं बार-बार मंत्र ध्वनि से प्रार्थना कर चुकी हूँ ।

पर लक्ष्मण ! मैं खुद को क्षमा नहीं कर पाई । तुमसे मैंने जैसे कहा लक्ष्मण की भाभी कहलाने का कोई अधिकार नहीं । मैं तुम्हारे योग्य हूँ ही नहीं लक्ष्मण ।

मैं लक्ष्मण के चरणों में बैठ गई । क्षमा करो लक्ष्मण, मैं रोने लगी।

समुद्र तट पर अग्नि परीक्षा देकर लौटी तो यह सब लक्ष्मण से कह पाई । लक्ष्मण की आँख से गिरते आँसुओं के साथ स्वर उभरा 'नहीं भाभी! आप तो भैया के लिए चिन्तित थीं । नहीं भाभी ! आप हमारी माँ तुल्य हैं

ऐसा कहकर मुझे शर्मिन्दा न करें ।

लक्ष्मण के चेहरे से दैन्यता साफ दिखने लगी, मैं हाथ जोड़े पीछे लौट आई ।

प्रणाम

माँ पार्वती की असीम अनुकम्पा से मेरे दो पुत्र हुए, ऋषि ने उनका नामकरण किया लव और कुश दोनों को पालना कठिन होता पर माताएँ और बहनों ने खूब खिलाया, तेल लगाया, ठण्ड से बचाया, मैं ऋणी हूँ इनकी इनके इस सहयोग के लिए कि इसे जो देखरेख में मेरे साथ होती। उसमें ये सभी कितना तत्पर रहतीं ।

लव कुश समय से साथ बड़े होने लगे, जब से बोलना शुरू किया 'माँ-माँ' बाद में 'बाबा-बाबा' की ही रट लगाये रहते, बाबा उन्हें ईश्वर की आराधना सिखाते, उनसे कसरत कराते, सूर्य नमस्कार कराते । अब ये दोनों खुद करने लगे ।

प्राकृतिक वातावरण में पल रहे बच्चे स्वस्थ, सुन्दर और संस्कारित हो रहे थे, जीवन दर्शन की मूलतः प्रकृति उसमें विकसित हो रही थी, भय से मुक्त, साहस तथा उदारता उनमें साफ दिख जाती ।

सुबह जल्दी उठ जाते, मेरे साथ पूजा के लिए फूल, तुलसी मंजरी, आम्र पल्लव, दूब, शमीपत्र, श्वेत मदार पुष्प तथा गुड़हल का पुष्प भी गिरा पड़ा मिल जाता तो ले आते, लम्बे पेड़ पर चढ़ना उन्हें मना किया गया था सो छोटें पेड़ों से फूल तो ले आते पर ऊँचे व कटीले पर नहीं चढ़ते ।

बेलपत्र लाने के लिए आश्रम में लकड़हारा आता उसी को रोज सुबह खुद ले आना होता बेलपत्र, अब लव कुश ने इसकी जिम्मेदारी उठा ली थी, ऋषि के सारे काम अब बच्चे करने लगे ।

धीरे-धीरे ये पाँच साल के हो गये, इनकी शिक्षा आश्रम में शुरू हो गयी, ये आश्रम में विद्यालय जाने लगे, अब पूरा दिन आश्रम में हम सब इन सबकी प्रतीक्षा करती रहतीं ।

लव कुश सुबह चले जाते और दुपहरी बाद विद्यालय से लौटते । आश्रम के पास ही में इसी आश्रम की एक शाखा विद्यालय के रूप में विकसित हुई थी, ऋषिवर उसके मुख्य गुरू थे, दस-बारह विद्यार्थियों के साथ सुबह अध्यापन का कार्य करते और शाम को शस्त्र शिक्षा दी जाती ।

लव कुश जिज्ञासु थे, वे जल्दी सीख लेते थे, इस आश्रम के कुशल छात्र रहे । दस साल के होने के बाद उनकी कद-काठी युवा लगने लगी, अब आश्रम की सुरक्षा व्यवस्था भी इन्होंने सम्हाल ली, ऋषि आश्वस्त हो गये ।

लव कुश आश्रम के बाहर आये ही थे कि एक श्वेत अश्व आता दिखाई पड़ा, लव कुश को वह बेहद अद्‌भुत व अच्छा लगा, इन्होंने दौड़कर पकड़ा और अपने आश्रम में बाँध दिया ।

माँ ! माँ ! मैं जब तक बाहर आती ऋषि बाहर आ गये थे ।

बाबा ! बाबा ! देखिये कितना सुन्दर घोड़ा है, बाबा घोड़े की ओर चल दिये, उसके माथे पर एक भोजपत्र पर कुछ लिखा था ।

अश्व-अवधराज का है, ऋषि को समझ में आ गया, वे चुपचाप अपनी अध्ययन कुटिया में चले गये ।

लव कुश घोड़े को देखकर इतने खुश थे कि वह भोजपत्र देख ही न पाये थे और उसे कुटिया के बाहर पेड़ से बांध दिया था । शाम होते ही हनुमान सैनिकों के साथ आ गये ।

लव कुश बाहर शस्त्र चलाना सीख रहे थे, हनुमान करीब आये 'बच्चों ! आओ आज मैं तुम्हें गदा सिखाऊँ, तुम्हारे पिता का क्या नाम है?'

लव कुश चुप रहे 'माँ का क्या....?' लव कुश तत्क्षण बोले 'सीता' लक्ष्मण का मुँह खुला ही रह गया ।

मैं अन्दर से देख रही थी पर बाहर निकलने का साहस नहीं हुआ।

हनुमान लव कुश के साथ खेलते रहे, शाम हो आई ऋषि से मिले और रात में चले गये ।

सुबह सूरज की किरणों के साथ ही हनुमान का आना हुआ ।

लव कुश विद्याश्रम जा रहे थे वहीं घोड़े के पास पेड़ के ऊपर हनुमान बैठे रहे ।

ऋषि जब ध्यान साधना से उठे तो हनुमान ने उनको प्रणाम किया। ऋषि ! आप मेरी मदद करें, मैं नहीं देख सकता ऐसे मेरी सीता माँ को, लव कुश को, श्री राम को ।

श्री राम ने सोने की सीता बनवाई है यज्ञ में बैठने के लिए ।

ऋषि ! आप चलिए राजा को ऋषि मुनि रास्ता दिखाते हैं, आज श्री राम को सीता का यहाँ रहना, दो पुत्रों का जन्म, शिक्षा....।

ऋषि मौन रहे, हनुमान विनती करते रहे । ऋषि मुखर हुए 'जब अवध नरेश श्री राम को अपनी पत्नी की खबर लेने की सुधि नहीं, सोने की सीता बनाकर अपनी प्रजा को अपनी दुर्बलता दिखा रहे हैं तो यही ठीक है । सीता मेरी बेटी है इसके लिए तो हर पल स्वागत है उसका ।'

हनुमान रोने लगे 'नहीं ऋषि ! ऐसा न कहें श्री राम ने खुद भी वनवास का जीवन व्ययतीत कर रहे हैं'

रामराज्य की कल्पना कैसे की जा सकती है जहाँ सीता निर्वासित हैं ?

हनुमान ! रामराज्य एक कल्पना ही रह जायेगी, रामराज्य कभी न आयेगा, किसी मौन स्त्री की आँख से आँसू गिरे वहाँ रामराज्य कैसे आयेगा, रामराज्य कभी नहीं आयेगा ।

हनुमान रोने लगे पर ऋषि के आँखों से उगलती अग्नि के समक्ष निःशब्द हो गये ।

जहाँ की प्रजा का दृष्टिकोण ही अपने सुख का है वहाँ रामराज्य कैसा ?

हनुमान रोते रहे, हाथ जोड़े ऋषि के सम्मुख खड़े थे, ऋषि ने कुछ नहीं कहा ।

हनुमान करबद्ध प्रार्थना कर रहे थे, ऋषि तमतमा गये 'सीता कहीं नहीं जायेगी, राम को ससम्मान लेने आना होगा ।

लव कुश विद्याश्रम से आ गये, हनुमान लव कुश के साथ खेलने लगे, तभी शत्रुघ्न घोड़ा छुड़ाने आ गये, लव कुश ने कहा 'हमने पकड़ा है! घोड़ा पाने के लिए हमसे युद्ध करना होगा ।'

ऋषि और हनुमान स्तब्ध थे ।

शत्रुघ्न सहज तैयार थे 'आओ युद्ध करो'

लव कुश युद्ध के लिए बाहर निकल आये, शाम होते शत्रुघ्न थक गये ।

सूर्यास्त के बाद युद्ध नहीं होता, कल सुबह अब युद्ध होगा, लव कुश कुटिया में आ गये ।

सुबह होते ही घोड़े दौड़ने लगे, लव कुश ने विजय हासिल की, श्री राम को आना ही पड़ा ।

'किसके पुत्र है आप दोनों ?' श्री राम ने कहा ।

'सीता के' लव कुश ने कहा ।

'क्या ?....'

श्री राम को यकीन ही नहीं हो रहा था शत्रुघ्न, हनुमान अब श्री राम को मुँह देख रहे थे ।

राम की आँखें नीचे थीं ।

ऋषि सामने टहल रहे थे, श्री राम ने घुटने टेक दिये ।

ऋषिवर आप सबको अयोध्या चलना होगा लव कुश और सीता को भी, मेरा अनुरोध है ।

रथ आ गया, ऋषि ने आकर कुटिया में कहा 'चल बेटी ! राम ले आने आया है ।'

मैं द्रवित हो गयी, लव कुश खुशी से उछलने लगे ।

हम सभी अवध की ओर चल पड़े ।

वहाँ यज्ञ का आयोजन होने को था, प्रजा यज्ञ मण्डप में आ चुकी थी, मातायें, बहनें सब आसन पर बैठ चुके थे, ऋषि वशिष्ठ राम की प्रतीक्षा कर रहे थे ।

तभी हम सभी ने प्रवेश किया, सब आश्चर्य चकित होकर देखने लगे, राम सोने की सीता के पास बैठ गये, संकल्प शुरु हो गया ।

ऋषि का स्वागत किया गया, लव कुश के साथ मैं माताओं के पास बैठ गयी ।

सभी व्यक्ति थे, ऋषि वशिष्ठ ने राम से कहा 'इस सोने की मूर्ति की अब जरूरत नहीं राम ! अब तो सीता सामने है ।'

राम अचकचाये पर राम यज्ञ में प्रजा के समक्ष खड़े होकर उद्घोष किया, 'प्रजाजन, सीता इस यज्ञ में तभी शामिल होगी जब वह अपनी पतिव्रता की अग्निपरीक्षा दें, तभी पूरा अवध उन्हें स्वीकारेगा ।'

समस्त मंत्रीगण, माताएं, ऋषिगण काष्ठवत खड़े रह गये ।

ऋषि ने मेरी ओर देखा, मैं आगे आयी 'प्रणाम !' मैंने प्रजा को साक्षी मान कर उद्घोष किया 'हे माँ अब मैं थक चुकी हूँ मुझे कोई परीक्षा नहीं देना, यदि मैं पवित्र हूँ तो मुझे गोद में शरण दे'

धरती माँ ने मुझे उठा लिया, मैं बेहद खुश हो माँ की गोद में बैठी, अब परीक्षाओं मान-अपमान से ऊपर उठ गयी । बस मुझे इतना इस मानव

जीवन से समझ आया कि मानव जितना विशिष्ट आत्मा लिये होगा, मान-अपमान, परीक्षाओं से उतना ही गुजरेगा।

मेरे अन्दर की **'आह'** रो रही थी।